テレパシーごっこ　パートⅡ

～子どもが運んでくるテレパシー受け取れますか～

野本佳鈴

22世紀アート
22nd CENTURY ART

推薦のことば

ハワイ大学名誉教授　哲学博士　　吉川宗男

皆さまのなかで、発達障害に関することで苦しみ、悩んでいる方がいらっしゃいますか？また、皆さんご自身のみならず、お子様が発達障害で苦しみ、お悩みの方がいらっしゃいますか？もし、そういう方がいらっしゃるならば、是非、本書をお読みください。どうしたらいいのか？あるならどういう治療法があるのか？それが、確かにあるのです。それが簡単で、効果的で、しかも、安全で、安価で、高質で、改善できる対処方法、治療法があるんです。そういう治療法があるなんて信じられますか？それは魔法ですか？　いや、確かな技術です。施術なんです。

私は、本書の著者である野本佳鈴氏も、ＥＭ（有用微生物群）技術の開発者比嘉先生も、また、思想家であり、波動研究の第一人者でもある柳原満紘先生も個人的に存じ上げております。また、私自身ＥＭの技術や柳原先生の施術の恩恵を多分に受けている者として、本書の推薦文を書くことに対し、喜びをもってお引き受けした次第です。

さらに、付け加えさせて頂きますと、実は、話は約半世紀前のことになりますが、私の息子、エドワードがまだ5歳の時、発達障害者と精神科医の先生に診断されたのです。当時、そういう子供は〝ハイパーカイネシックチャイルド〟と呼ばれていましたが、後に注意欠如多動性障害者（ＡＤＨＤ）と呼ばれるようになり、現在では発達障害の一部とみなされています。

その頃はそれは原因不明の現代病と言われていました。私も妻もどうしていいか全く分からず悩み苦しんだことがあります。

しかし、親として色々学びながらも、何とかエドワードを立派に成長するところまで子育てが出来たようです。結果的には、エドワードは大学も卒業し、望んだ職にもつけ、結婚もし、現在三人の子供達とアメリカに住んでいます。

今振り返って見ますと、あの時の子育ての体験や経験が後に大いに役立ち、私の人生に大きな影響を与えてくれたのです。お陰様で私自身も一人の人間としても成長させてもらえたと思っています。

いや、発達障害をもつ我が子に育てられたといっても過言ではないでしょう。

今日本において、発達障害をかかえた子供たちの数が急増していて、大きな社会問題の一つとなっています。最近になり、これは子供だけの問題ではなく、大人の発達障害も大きな問題となっているのです。

こんな時、タイムリーというか、本書が出版されることに大きな意味があると思います。この書には、発達障害で悩み苦しんでいる子供達の実例が多く描かれています。そして、それらに対し、具体的な思考法や手法や治療法などが分かりやすく説明されています。是非、一つの考え方、技術、手法、治療方法として読んでみてください。きっと、多くのヒントやアイデアが得られ、大きな助けになることでしょう。お勧めいたします！

目次

第2章　遺伝子栄養療法しか改善の見込みがないと思い込んでいた自閉症児の母親　41

第5章　動物本脳しか働かないＡＤＨＤの子どもの激変ぶりに確かな支援の可能性をつかむ　123

まえがき

２０１１年に出版した「テレパシーごっこ」は、いじめや不登校でつぶれた子どもたちとのかかわりで解決の方向性が見いだせた事例を紹介しました。パートⅡでは、支援の対象を、発達障害や鬱で苦しむ子どもたちや大人へと広げ、生活が困難になる大人や子どもたちの体のどこに支障が起きているのかを磁気共鳴波動分析器ＭＩＲＳ（マース）で確認しました。

骨格のバランスを整え、更に、体が拒否しない安心で安全な食品を、体との同調度を確認しながら食べた結果、発達検査による明らかな向上や毛髪検査によるミネラルの望ましい傾向、ボイススキャンからみた望ましい変化、日常の行動の劇的な変化が確認されましたので、新しい支援の方法を紹介いたします。

最近では、発達障害や鬱の人に処方される薬害の怖さが理解されるようになりました。しかし、その子が示す過敏傾向や特異な行動やこだわりなどが、固定された個性として決めつけられる傾向も見られます。

ところが、血流を良くし、その子どもの体が喜んで受け入れる食べ物に変えて食べさせると、体の中の水はきれいになり、体のマヒも改善され、痛みは痛みとして感じ取れる体に変化するのです。

やがて、過敏傾向や特異な行動は収まり、知的な発達や人とのかかわりにも変化が見られるようになり、発達障害の子どもたちの特性として諦めてきた生きにくさが短期間で改善されるケースが増えていて子どもたちの可能性を強く感じております。

その変化は未来への希望となり、医師から生涯治らないと宣告されてあきらめて絶望感を持っていた保護者にとっては、初めて実感される希望に繋がっております。

現在では、ミネラルなどの食べ物を補って循環を良くしてやれば、発達障害が劇的に改善されるなどの体験や報告がたくさん寄せられています。

また、治療方法の一環として勧められる高額な健康改善の食品を購入して食べておられますが、期待する結果に結びつかないことも多く、「お母さんの努力が足りないからよ」と、暗黙の裡に母親自身が追い詰められるケースが増えています。

学校では、年々増え続ける発達障害の子どもの理解や支援方法が、従来の医師の診断書を基本として、薬の服用治療を前提とした公的機関の利用が多く見受けられます。
しかし、子どもに薬を飲ませたくない保護者にとっては、学校や福祉施設の利用を満足に受けられないという追い詰められた現実があり、その葛藤の矛先が子どもに向いて、どんどん孤立し、この子どもと一緒に命を絶ってしまいたいという保護者も増えております。

私が立ち上げている「笑顔グループ」というライングループでは、自分たちの手で必ず改善して見せるという本気の保護者が集まって、発達障害や鬱の子どもの体の状態や改善に向けての方法を学び、見える化した画期的な支援方法によって、劇的な変化を見せる子どもたちの驚くような改善結果が次々と現れております。

ところが、学校では、短期間に、発達障害と診断された子どもが劇的に変容するなんてあり得ないとの決めつけも強く、一人一人の変化をきちんと受け止められる受け皿が出来ていません。
そのため、折角開花した子どもの可能性を潰している残念な結果も見受けられます。これまで、実践体験として関わらせていただいた親子のようすを紹介しながら、子どもたちの明るい未来を理解していただき、新しい支援の在り方に一歩踏み出せる人々が増えることを願ってパートⅡを世に出すことを決心致しました。

第1章　今、劇的に改善されている発達障害と呼ばれる子どもたち

☆　エピジェネティクス化した遺伝子の発現に注目した支援の試み

発達障害と呼ばれる子どもたちが生き生きと活動できる場を提供したいと、フリースクールの受け皿を作っておられる方も大勢おられます。

フリースクールのような場でないと居場所を見つけられない子どもたちが、近年どんどん増え続けている現状の改善のために、食事の在り方に注目をして、遺伝子栄養療法（ニュートリゲノミクス）という新しい研究分野で改善を試みた方もいらっしゃいます。

エピジェネティクス化により、遺伝子情報の書かれたページとページがのり付け状態となってはがれないため正常な生命の設計図が使えない状況に陥っているケースもあります。強い酸化ストレスや有害なイオン化などで誘発されると考えられておりますが、必須栄養

素の富んだ食事を与えると改善が起きるという改善例が次々と報告されています。我が子にその治療を受けさせたいと、高額な治療費を覚悟で挑戦された親子さんにも出会いました。

子どもの治療費を捻出するために、生命保険や定期預金を解約してお金を作り治療を受け、短期間で、しっかりした絵が描けるようになったときはこれしかないと確信したと言われました。

ところが、１か月何十万円も必要となる治療費を、かなりな期間払い続けなければならないため、経済的に難しいと断念されたそうです。

最近では、ＬＰＳ（リポポリサッカライド）で、免疫力の要であるマクロファージをパワーアップするべく、野菜や穀物・海藻に多く含まれる毎日の食事の在り方が見直されるようになりました。

ＬＰＳ（リポポリサッカライド）は、糖と脂質が結合した「リポ多糖」と言われるもので、水と油の両方に溶ける性質を持ち、皮膚の外側である細胞の外膜を作っている成分でもあります。

また、ＬＰＳは、壊れないで食事によって人間の体内に取り組むことが出来るので、無農薬野菜や海藻、玄米、納豆、味噌汁などが注目されています。

表1　測定値判断基準

＋21	～	＋18	非常に高い
＋18	～	＋15	高い
＋14	～	＋10	通常
＋9	～	＋5	低い
＋4	～	−21	非常に低い

更に、エピジェネティクスは、抗酸化作用のある食べ物を食べたり、有害な電磁波や放射能などのエネルギーを有用なエネルギーに原子転換して無害化したりすれば、エピジェネティクス化が解決できるという研究も進んでおります。

この様な研究が明らかになるにつれ、せめて保育園での給食をオーガニック食材でという運動が全国的に展開されておりますが、ひとり一人のお子さんに関わらせていただくうちに、心配な食品にも出会うことがありました。

それらの食品を磁気共鳴波動測定器で測定してみると、測定値判定基準で判定ランクの、非常に低いというランクの食べ物を食べさせておられる様子に、これは、何とかしなければと、動き始めたのがこの支援のスタートとなりました。

☆ 材料や製造方法に問題があるミネラル食品が氾濫しているわけ

私たちの体は、８種の必須アミノ酸と20種のミネラルと18種のビタミンが、体の中でチームワークを組んで、生命活動を健全に維持しています。

しかし、日頃口にしている加工食品には、ミネラルが溶け出してしまっている水煮食品や、サラダ油やてんぷら油などの食卓に出てくる油のほとんどが、ミネラルを含まない精製油であるため、食品添加物の「リン酸塩」がミネラルの吸収を阻害してしまうので、深刻なミネラル不足に陥っているといえます。

例えば、ミネラルの中の亜鉛は、マンガンや鉄やカルシウムや銅やビタミンＡと関連しあって、ウイルスや細菌から体を守り、２００種以上の酵素の構成や反応を活性化したり、ホルモンの合成やＤＮＡの合成、たんぱく質の合成に関わったりしているため、胎児や乳児の発育や生命の維持に非常に重要な役割を果たしている上、骨の成長や鬱状態の緩和など、精神や行動にも影響を与えるミネラルとして注目されているにも関わらず、ほとんどの人が必要量の半分以下しかとれていないとも言われています。

そこで、ミネラルを補給すれば、発達障害の子どもたちの気になる症状が改善されたという本が出版されて、家庭で出来るミネラルの補給法として、自家製天然だしの作り方や、ミネラルふりかけの作り方を教え、関連会社の食品等の販売を後押ししながら活動を展開される方もいらっしゃいますので、毎日食べる味噌汁やふりかけで発達障害の子どもたちの体が改善するのならと、お母さんたちの多くは、救世主が現われたような希望を描いて、熱心に取り組まれていらっしゃるようです。

たしかに、無農薬野菜や自然塩、海藻、味噌汁といった食品が免疫力を高め、傷ついた遺伝子を改善できるというイメージは納得できますが、分析器で測定してみると、それを期待するには余りにも低い数値しか得られない食品が多いのも事実です。

無農薬栽培なら何でも同じと考えて、オーガニック栽培を呼びかけても、それが気休め程度の物でしかなかったことが分かってきました。

「日本綜合医学会」第2号季刊誌に掲載させていただいた『有用微生物群（ＥＭ）で見直す食事情』には、自然栽培・有機農法で作られた作物が体に安全で美味しいというのは、間違った思い込みだったという原稿を投稿させていただいておりますが、オーガニック栽培と表示されて店頭に並んでいる作物の中には、低いや非常に低いランクの数字しか得られない作物がたくさん出回っているのです。

さらに、ミネラルには塩が効果的だと、大きなガラスのツボに入った岩石のような鉱石を通した水を飲んでおられる方が持ち込まれた水も、免疫プラス４、子宮という臓器にはマイナス４という数字しか反応しなかったのです。

どんなに頑張って食事を改善しようと努力しても、体が拒否するダメな物を知らないで、毎日摂取していたのでは、傷ついた遺伝子が良くなったりはしません。

そこで、私が２０２０年８月15日に出版した「微生物さんのパワーを引き出すのはあなた」のＰ２０５で紹介しました磁気共鳴波動分析器ＭＩＲＳの発明者の中根滋博士から、世界でたった一つしか存在しない、地球に役立つものと、宇宙に役立つものを瞬時に判定する水晶のフーチを渡された柳原満紘氏の協力を得て、発達障害を持つ子どもと食べ物との関係を探る実証研究を行いました。

このＭＩＲＳ（マース）には、人の命・魂を測定するコードもセットしてあります。しかし、普通の人ではなかなか使う事ができませんでした。それを、中根博士から、「あなたならそれができます。」と、託された方が柳原満紘氏だったのです。

さらに、生きる力を高めて病気を治し強い子にし、職種や世代を超えて、すこやか子育てを応援しあえる「わ」を広げたいと、一般社団法人すこやかのわ　代表理事（２０２２年３月より有限会社すこやかメディカル代表取締役）すこやか未来院長の小児科医師・医学博士の木林京子氏の協力も得ることが出来ました。

木林京子氏の小児科医として歩まれた道のりは、佐賀県の矢山利彦院長が発行されている「すこやか小児科」の誕生という本に紹介されていますが、「バイオレゾンナンス医学」を取り入れ、重金属・化学物質・潜在感染・電磁波・精神ストレスなどの5つの原因に対して、医学的な治療と健康増進アドバイスの両輪で対応しておられるというお医者様です。

これらの具体的な対応の方法の一つにＥＭが使われていたことを知り、出会いの不思議を実感しております。

私は、瀬本千壽のペンネームで「テレパシーごっこ」を出版した当時、民間企業が運営する、学校法人松山学園　まつやま幼稚園で勤務をしておりました。その幼稚園で、沖縄の琉球大学名誉教授の比嘉照夫教授が開発された乳酸菌や酵母菌・光合成細菌などの有用な微生物群をブレンドしたＥＭが、ありとあらゆる場所で使われ、その不思議な現象にとりこになって、今では、世界で３人目、それぞれの国では一人しか任命されないという「ＥＭ親善大使」の任命を受けるまでに学ばせていただきました。

ですから、木林京子氏が歩まれた共鳴の原理を使った「ゼロ・サーチ」というセンサー器具で身体のどの部位にどのような物質の共鳴が多く見られるのかを推定し、その原因ごとの対処を行う「バイオレゾンナンス医学」の分野からのアプローチは、私にとっても大変興味深く、コラボしながら検証できることは、神様からいただいた贈り物のような感じでデータを使わせていただいております。

更に、「バイオレゾンナンス医学」で、問題にされている農薬や食品添加物、殺虫剤やシックハウスやPM2．5などの化学物質の問題や、細菌やウイルス、寄生虫などの潜在感染に関する問題、更にパソコンやスマホ、IHを含めた家電製品やハイブリットカーなどの電磁波の問題解決のすべてに対応できるのがEM技術の凄さで、私たちの「笑顔グループ」のアドバイザーとして、複数の専門家にも加わっていただき支援チームを構成しております。

「笑顔グループ」の皆さんが摂取しておられるミネラル食品には、海産物に関するものがたくさんあがってきますが、測定して驚くのは、海水の汚染の酷さです。

汲み上げた海水を天日干しした塩や、その塩を使った加工食品の測定値が、低いのはどうしてだろうか？

その理由や解決の方法は、比嘉照夫・知念隆一氏の共著による『EM蘇生海塩の驚異』に詳しく書かれてありますが、海洋汚染が余りにも酷くて、海洋深層水であっても、一度汲み上げて空気に触れてしまうと、海水や塩分に含まれる酸化物や活性酸素誘発物質によって有害に作用する悪魔の塩に変わってしまうということでした。

市販されている「悪魔の塩」をかなりな分量の「神様の塩」に変身させて増やすこともできるので、その具体的な方法については、私の「ツキを呼ぶ塩の作り方」の有料動画配信を見て頂ければ皆さん自分で作ることができます。

☆ 食が見直され、ミネラルが補給されても、改善が期待できない訳と支援の特色

発達障害を持つ子どもたちにとって良いと発信されている情報をしっかり受け取り、実践して頑張っておられるお母さんたちは大勢いらっしゃるのに、なかなか改善の兆しが見えないのは何故でしょうか？

これまでの小児科医が子どもの診断名を付けられる時に、必ず付け加えられる一言。「これは、生涯治りません。」と。

その告知を受けた日から、お腹に受胎して出産するまでの有りとあらゆることを振り返って、親としての反省と後悔と、失望の時間が、お母さんたちに重くのしかかっておられます。

私は、ある方に、ＥＭについてつぶやけるライングループを作っていただき、そこで、皆さんからの質問に答えたり、解決方法の写真を送ったりして繋がり始めておりました。

コロナ禍で、会合自粛が始まるまでの講習会と言えば、農家さんや高齢者が主で、子育て世代の若いお母さん方は、皆無という状態でしたから、「テレパシーごっこ」の売れ残っていた３００冊ほどの本は、倉庫の隅に追いやられておりました。

ところが、ラインで繋がり、若いお母さんたちが入っておられるグループサイトでは、日常のいろいろなお悩み事が打ち明けられ、少しの支援で、簡単に、解決できることがＥＭではたくさんあり、その方法をつぶやいている内に、不登校や発達障害の子どもたちや学校の問題がどんどんつぶやかれるようになりました。

幼稚園の園長を退いてから私と繋がっていた人たちは、高齢者や農家さん達だったので、不用になった「テレパシーごっこ」の本を読んでいただけるかも知れないと思って、「欲しい方に無料で差し上げます。」と、つぶやいたのです。

すると、皆さんの熱心なつぶやきに私は圧倒されました。「知人にも読ませたい。図書室にも、置かせてもらいたい。こんな凄い実践をしていた現場の先生がおられたなんて驚き。」と。

すると、ライン仲間から、「ズームで、テレパシーカウンセリングが出来ますよ。お手伝いします。」と、協力者が現われ、風景構成法などの投影法を用いたカウンセリングが、口コミで評価され、じわじわと、しばらく離れていたカウンセリングの依頼までも入るようになりました。

その頃、鬱傾向に苦しみ、子育てもままならないと言われる若いお母さんたちの支援を頼まれ、「波動健康相談」と称して、柳原先生に体の臓器の機能や魂の測定をお願いして、体と心の両方から診て頂き、健康サポートを行っておりましたが、鬱傾向にある方のほとんどの人が、頸椎神経の1番～7番繋がりが悪く、そのため、片方の脳には、死なない程度の酸素しか送れていない状況が判明しました。

さらに、姿勢の悪さから、頸椎から仙骨に至る迄の骨格のずれから来ている胸椎神経や腰椎神経などの血流の悪さが際立っておられるのです。

私たちの体は、体内に海を保持していると言われます。海が骨に化身して、その骨が生命を支えている。仙骨の役目なんて私は学校で習ったこともありませんが、仙骨は、人間の生命活動の中枢で、エネルギーの中枢機関でもあり、人体の中でも格別な存在と言われております。

私たちの体は、60種以上のイオン化した金属元素を持っていて、電磁波の振動数を持っています。人体に電磁波が帯電している限り磁気を帯びており、この「生命磁場」では、酵素も元気よく作られているのです。

その生命磁気は、骨に一番強く帯電し、しかも、骨格の中でも「仙骨」が最も磁気を帯びていて、頭上の蝶形骨↓仙骨は、皿回しのような関係を保ちながら、共振しながら生命バイブレーションを受発信して、宇宙情報を得ているチューナーの役目をしているとも言われております。

特にマンガン、チタン、白金、タングステン、セレン、シリコン、ゲルマニウム等の極微量金属元素が満ち足りていれば、生命波のバイブレーションとして健全に働く。

固定化した金属元素の貯蔵庫である海の化身が骨として進化し、血液は動く原始の海と言われておりますから、海水には、83の元素があるという事は、人体にも相応の元素があるわけで、骨格を整えてきれいな血液を体中に送り続けることがどれ程大切か、骨格のずれとは、こわれかけた橋をそのままにして、血液を死なない程度にしか流せないようにしている大変な状態だったのだとイメージできます。

その頸椎や胸椎、腰椎や仙骨などの骨の一つひとつが、全部周波数を受発信し、それぞれの周波数の範囲を知って役割も異なるようです。

あごの歪みは、そのまま仙骨の歪みになって生命磁場の振動数を狂わせるなど、切り離して考えられない、「生体の個は全体であり、全体は個である」と、生命の不思議なメカニズムについても、「ＥＭ蘇生海塩の驚異」の本には詳しく書かれております。

そこで、わたし達は、発達障害の子どもたちの前からと後ろからの全身の写真を送っていただき、柳原満紘氏に測定を依頼したところ、全ての子どもたちに、頸椎の１番〜７番の血流の悪さが際立っておりました。

頸椎神経の１番は、脳の中にめり込んでいる場所ですから、この頸椎神経の血流が悪いということは、お母さんのおなかの中にいた時に、何か不具合が起きていたか、あるいは、産道を通って生まれてくるときに不自然な力が加わったか、赤ちゃんとお母さんとの関係で、予期しない何かが起きていたことが予想されます。

私の知る限りでは、分娩室の様子が、医師にとって赤ちゃんを取り上げやすい構造となっているため、その過程でいろいろな事が作用して、誰も気がつかないままに、赤ちゃんの頸椎神経の繋がりにくい状態が起きてしまっていることも予想できます。

昔に比べて発達障害の子どもが増えているのも、このような要因が原因の一つになっている可能性もあると感じております。

発達障害の子どもたちを測定してみると、頸椎神経の２番～７番の血流の悪さが際立っており、その子どもたちは、脳に死なない程度の酸素しか送られていないことが理解できました。

そのために、体が痺れて、痛みすらも感じることが出来ない体になり、濁った血液の循環は、体の気を悪くしているために、波動の高いすばらしい気を送り始めると、体に体験をしたこともない違和感として察知するために、体に触れさせてもらえない。

このような様子を、大人から見たら、子どもが過敏傾向そのもののような雰囲気に見えてしまっていたのだということも理解できました。

そこで、頸椎神経の血流の悪さが、どれ程脳に影響を与えているのか、脳の細かな部位についての測定を行っていただき、言葉の発達や多動傾向の原因をつくっていた要因などを突き止め、ゲルマニウムを使って、骨格のずれによる血流の悪さを修正していただくのです。

勿論、ＭＩＲＳで施術後の体の様子を確認して、血液が体の中を一巡する45分後には、まるで別人のような驚く行動の変化を見せる子どもに変化するのですから、見守っている私達は、驚きと、手ごたえと、感動で、「よし、これで行ける!」と、確証を持って皆さんにお伝えすることが出来るのです。

☆ コロナ禍で、グループラインの繋がりが絆となってひろがった支援とは

個別に支援の依頼を受けたお子さんのサポートを行っている内に、手術も薬も高額なお金も要らない凄いゴッドハンドの魔法のような世界を目の当たりにして、何とかラインで繋がっている方の家族だけでも救いたいと強く思うようになりました。

しかし、こんな簡単な事で、生涯治らないと宣告され続けて来たお母さんたちが、信じるはずはありません。

見えないものを感じ取る力のある人、スピリチュアルな世界を感じられる方なら、私の話を理解してくださるかも知れない。

何故なら、それまでに、個別に支援させていただいたほとんどの子どもたちが、ゼロコードという、宇宙から、この世に、親を選んでお母さんのおなかの中に受胎して生まれてくる時、前世で何度も生まれ変わりを繰り返した魂の高さとして測定されるゼロコードの数値が

際立っていたのです。

ＭＩＲＳでの設定は普通21の設定となっておりますが、宇宙エネルギーと繋がりやすい体質を供えた方は、このゼロコードの数値が21を超えて、３３３などの数値を示すことが確認できるのです。

前世療法をされる方のお話によりますと、親を選んで受胎するということは、受胎の瞬間に子どもが、「あなたのもとに行っていいですか？」と了解を求めているそうで、親も「はい、どうぞ」と、了解をして受胎が完了しているのだそうです。

そのため、発達障害というハンディをもった子どもがその親を選んで生まれてくるということは、その親が親としてハンディを持った子どもを育てることを通して素晴らしく成長できるような役目を持っており、その手助けを子どもがしているとも説明されます。

そういうことを理解できる母親でなければ、私の話は理解して頂けないと感じております。

ＥＭという見えない微生物たちを扱っている「微生物の活用塾」というグループラインに自分から入って来られるお母さんたちですから、比較的、理解はスムーズに行くと考えておりましたが、宇宙規模から見れば、見える世界は僅か５％、見えない世界が95％存在していると言われていますから、僅か5％の見える世界のことしか学んで来なかった学校教育の申し子である私達ですから、これまでの育児書で、習ったこともない事を理解しなさいということは、大変大きな壁でもあるのです。

グループラインで、何とか私の支援を受けたいと繋がって来られる人の多くは、おばあちゃんたちでした。

EMという微生物さんが大好きで、孫のために、無農薬の野菜を育て、体に良いものを食べさせて元気になってもらいたいと、学んで実践して生活の至る所で手ごたえを感じて来られたおばあちゃんたちが、これは、本物の支援かもと、私のつぶやきを、ドキドキワクワクで読んでおられたのです。

おばあちゃんにとっては、何とか孫を助けたい一心で、私のことを母親に伝えられるのですが、「そんな医学書にもない、馬鹿な事を言わないで、それでなくても、私は大変なのだから！」と、相手にもされない。これが現状です。

ですから、親が理解をして実践に移さなければ、絶対にこの問題は解決しないと考え「笑顔グループ」の会員資格は、父親か母親。おばあちゃんには会員資格を与えなかったのです。

子どもを妊娠して、羊水という12のマイナス12乗という純粋な水の中で、倍・倍の成長を遂げる、つまり290日で、立派な体に育って生れてくるには、羊水という宇宙の素粒子のパワーの恩恵を受けやすい水の環境が準備されているから、素晴らしい命が高速度で育てられる。それを体験している母親には、私がお伝えする量子の世界の仕組みも、たとえ、学校や育児書では学ばなかったとしても、感じていただけるものと待っておりました。

ところが、それでもなかなかおばあちゃんからお母さんへと、情報が伝わりにくいので、お母さんたちに直接私のEM活用塾のラインに入っていただき、皆さんがつぶやく内容に触れていただくことにしました。

○　EMで家の周りに結界を張っていたところ、震度5〜6の地震が起きても、我が家は、全く物が落ちたり壊れたりしませんでした。

○　イノシシ除けに、EMの入ったペットボトルを畑に取り付けたところ、イノシシから守られて、米が収穫できました。

○　お米のとぎ汁発酵液と天然粉せっけんを使って作ったプリン石鹸の効果は抜群で驚きました。

などの、喜びが、写真と共に飛び交うライン情報を目の当たりにされて、それまで、EMと言えば、ネットでマイナス情報ばかりを目にしていた若いお母さんたちが、EMを試してみようと動き始めました。

安くて、簡単で、良い結果に結びつく手ごたえに、こんな事で我が子に変化が見えるのなら発達障害者向けの特別支援を受けてみたいと動き始めたのです。

ところが、家庭内の壁はそれだけでは治まりません。お父さんという山がもう一つ存在しております。

量子物理学に触れたことのないお父さんにとっては、自分の常識・体験・固定概念の範囲にないことを急に伝えられても、興味を示すどころか、恐怖とストレスの何ものでもありません。

お母さんが体験する妊娠という体を通した実感も、お父さんには皆無です。ですから、お母さんから説明を受けて、我が子の測定や施術を受けてみたいと伝えられても、「今の医学でうまくいかないことが、整体ごときで上手く行くはずがない。」と、否定から受け止められて中断してしまうのです。

お父さんには内緒で、事前に送り届けられた写真による測定結果から、見える化された数値をお母さんに突き付けられて、車の運転手の役目を押し付けられて、仕方なく柳原先生のもとにたどり着いたお父さんが、最後に抵抗される姿をたくさん見てきました。

子どもが施術を受けている間、全く車からも出て来られないお父さん。子どもが、多動傾向を示すので、お母さん一人に任せるのは難しいと、サポート役でお部屋に入られるものの、柳原先生が行っておられる施術の説明には、全く理解も興味も示されないお父さん。

そんなお父さんの様子に、お母さんたちは、やっとたどり着いたチャンスを何とかつかんで帰りたいと、一人奮闘しておられる姿に、私達は何とか報いたいと、その子どもにとって安心できる環境や、体に触れさせて貰える雰囲気を創り出していくのです。

新しい環境に慣れることを最も苦手としている子どもたちの施術ですから、自分のベッドでない場所に横たわることも、母親にも「こちょばい」と言って触れさせない体を、知らない他人が体に触ってくることも、まして、首のあたりに、直径７㎜の粒ゲルマニウムを貼ることも、子どもにとっては不安で、恐ろしい施術の瞬間ですから、周りの大人にとっては、想像以上の大変な作業になります。

しかし、体に触れることも、粒ゲルマニウムを貼ることも、壊れかけている橋を付け替えて、きれいな血液を流すための大切な作業ですから、日頃一番かかわりの深いお父さんやお母さんが子どもの傍にいて、安心できる環境を作ってくださり、柳原先生が子どもたちに触れることを可能にしてくださる協力が欠かせないのです。

私も、長い間、現職教員の時に、特別支援学級の子どもたちに関わらせていただいたお陰で、子どもたちの行動の特色が理解できますから、柳原先生やお母さんたちの間に入り、サポーターの一人として、子どもが安心できる声かけや、少しの間、感じたことのない体に届く違和感を我慢する勇気が持てるよう瞬時の判断力でサポートしております。

やっとチャンスを繋いで、柳原先生のもとにたどり着かれても、直観力の優れた純真な子どもたちは、お父さんのネガティブ波動を瞬時に見抜いて、施術までに繋がらなかった事例が何例かありました。

ですから、家庭の中で、十分な理解を得るという、夫婦の壁を取り除くということがとても大切な要素になってくるのです。

☆ゲルマニウムの粒を貼ると、簡単に血流を改善する秘密が知りたい！

身体のほとんどは骨と筋肉で構成されています。２００個以上の骨は、それぞれ形も違いそれぞれ異なる機能をもっていますが、その骨格を正しく支えているのが筋肉です。

特に、骨組みをしっかり支える骨格筋は、伸びる筋肉と縮む筋肉で出来ており、必要に応じて伸び縮みをして骨を動かしています。これを拮抗筋と言いますが、人の骨格は、この相拮抗する筋肉の左右のバランスによって保たれています。

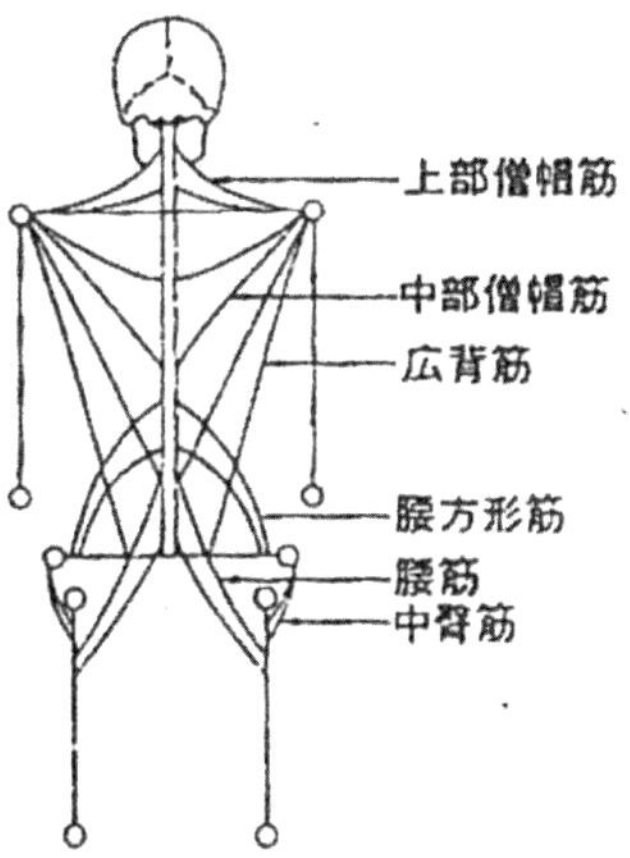

図１　骨格を保つ主な筋肉

ところが、筋肉に何らかの異常が発生すると、この拮抗する筋肉のバランスが崩れ、一方の筋肉が強すぎて、他方の筋肉が弱くなると、筋肉のバランスが崩れてくるのです。

こうした状態が続くと、骨格そのものが歪み、正常な働きが出来なくなって、肩こりや腰痛となって私達を苦しめるのです。

例えば、肩こりが酷い場合、図１のように、頸部から肩にかけての筋肉、この形が、僧侶のかぶる三角形の帽子に似ていることから、僧帽筋と言われていますが、この筋肉は左右の肩に一つずつついていて、肩こりは、この左右の僧帽筋のバランスの崩れからくるケースがほとんどです。

たとえば、左側より右側の僧帽筋が強いと、右側の僧帽筋は弱い左側の筋肉をカバーするようになり、ますます右側が強くなって、右肩に硬くなった「こり」が現われるのです。

この状態を治すには、弱った筋肉を見つけ、そこに刺激を与えて強化し、左右のバランスを図る必要があるのです。

その刺激を与える物質として、柳原先生が使っておられるものが、ゲルマニウムの粒を台紙に貼ったものなのです。

その粒ゲルマニウムを貼って血流をよくすると、それまで、痺れて痛みを感じることも出来なかったために、「こちょばい」という表現で他の人に触られることをこばんでいた子どもたちが、今度は、血流の悪い体の部位に軽く触れただけで、「痛い」と、反応を示し始めるのです。

しかも、45分後には、体のすべての波動測定値が高い〜非常に高い判定の数値へと変化を示し、脳の部位にも血流が行き届いていることを教えてくれます。

骨格のバランスが崩れていたときには、母親がどんなに頑張って教えようと努力しても身に付かなかった行動が、すんなりと出来るように変身して、歩き方までも変わっている。味覚や満腹中枢が働き始めて、味わいながら食事を楽しむ我が子の変わりように、感動と希望を感じて、目頭を熱くされている場面に多く立ち会わせていただきました。

有機ゲルマニウムについては、いろいろな本が出版され、老化現象を抑えたり、癌細胞を抑えたり、痛みを和らげるなど、「何にでも効く」という不思議な現象が伝えられておりますが、最も魅力的なのは、免疫力を高め、自然治癒力の回復力が期待できるというところです。

私の本「微生物さんのパワーを引き出すのはあなた」のＰ２３５でも紹介しておりますように、梅と味噌と蜂蜜を入れて加工した「梅味噌」の波動測定値は、とんでもない体への効能の高さを示しましたので、私も浅井一彦氏の「ゲルマニウムと私」に大変興味を持つようになりました。

有機ゲルマニウム化合物を多く含む朝鮮人参やニンニク、アロエの葉、クコの実やサルノコシカケといった植物には、小腸・肝臓・腎臓の測定値が高い傾向にあるともいわれています。

私が加工している梅味噌や黒ニンニクなどは、作り方も簡単で、測定値も驚くほど高く、自分で作ると安く食べられることから、EM愛用者の皆さんには、栽培から加工までの情報が宝物だと大変喜ばれております。

☆　発達検査や毛髪検査、ボイススキャンでは何が確認できるのか？

木林京子氏が小児科医師として研究を重ねて来られた発達検査や毛髪検査、ボイススキャンでは、何が確認できるのでしょうか？

木林医師は、エジソン・アインシュタインスクール協会の鈴木昭平氏や、ピース株式会社の鈴木愛乃氏、ら・べるびぃ予防医学研究所の協力を得て研究を重ねられ、笑顔グループの子どもたちの測定結果と、他の幼稚園の気になる育ちを見せる子どもたちとの傾向の違いを比較検討してくださいました。

個人の測定値の追跡調査によって、子どもの行動の変化と検査結果がどのような特徴を見せるのか、更に、私たちのグループが特別に支援を行っているEMを使った発酵食品や、スーパーマーケットで購入する食品を電子レンジで原子転換して食べる食生活の実践が、他の幼稚園の子どもたちと異なる傾向として示されるか、大変興味深く見せていただきました。

個別の考察については、第３章の自閉症児と第4章のＡＤＨＤの子どもの事例で紹介しますが、ここでは、客観的に比較ができる毛髪ミネラル検査について、岡山にある幼稚園の気になる発達を見せる子ども10名との結果を比べました。

発達検査については、鈴木昭平著「発達障害が家庭で改善できる　就学時検診を乗り越える最強の方法」に詳しく書かれております。

ここに紹介されている「成長発達サポート表」は、最新の脳科学に基づき、６歳までに身に付けるべき基礎能力が、社会面、知覚面、身体面、言語面の四つの分野ごとに示され、お母さんたちが、体系的、総合的に理解できるように作られております。

そのサポート表を活用することで、お母さんたちの意識が変わり、子どもの新しい発見に繋がり、働きかけ方が変われば、出来ることが増える子どもに育つという特色が伺えます。

更に、家庭で簡単に使えるサポート表は、６歳（月齢72か月）までに習得したい必要な基礎能力の内、優先順位の高い２８８項目で構成されています。

その表現は、「欲しいものがあっても、言い聞かせれば我慢できる」などのように、日常で起こることがわかり易い言葉で書かれているため、親が自分の感覚や観察によって判断できるのが、大きな特徴となっております。

この結果によって、子どもの発達の傾向が確認でき、得意な分野や苦手な分野を掴むこともでき、親の関わり方による成長の変化を客観的にとらえたりすることができるのです。

毛髪ミネラル検査では、必須ミネラルについて、【低値注意】【基準範囲】【高値注意】の3段階のランクが設けられ、棒グラフにて検査結果が示されます。

【基準範囲】の内訳として、【低値要注意・標準・高値要注意】の区分がありますが、岡山の幼稚園年中児10名の結果と比較してみたところ、10名の内8名に鉄の排泄が【低値注意】、7名にコバルトの排泄が【低値注意】という範囲に属する子どもがいました。

更に、亜鉛や銅に対して、【高値注意】を示す子どもが7名確認できました。

私たちの笑顔グループの子どもたちは、【低値注意】【基準範囲】【高値注意】の【低値注意】や【高値注意】の範囲に属する子どもは見られませんでした。

この傾向は、毛髪ミネラル検査の数か月前から、EMを取り入れた生活を行ってきたことで、鉄やコバルト、銅や亜鉛のバランスが取れやすいミネラル状態が出来あがっていたと考えられ、成長発達や精神面での安定につながっている可能性が伺われるとの所見を頂くことができました。

ボイススキャンについて説明しますと、私が骨格の役目のところでも書かせていただきましたが、人の体からは、様々な異なった周波数（エネルギー）が出ており、体の各部位と反応し合って調和しているのです。

その調和の度合いを、その人の発する『声』の周波数エネルギーで分析し、周波数エネルギーを色に置き換えることができますが、置き換えた色によって、その人の心の在り様やバランスの状態や本質などを視覚的にとらえるソフトを企画し測定しているのが、ボイススキャンと言われるものです。

それぞれの色（電磁波）は、固有の異なる長さの波長で振動しています。その中でも、人に見えるものを「可視光線」と言っておりますが、ボイススキャンの画面には、可視光線の7色（赤・橙・黄・緑・青・藍・紫）に5色を加えた12色のリンク状に並んだ図表（12色相環）で表され、その色合いにより、見る（視覚）、聞く（聴覚）、感じる（体感覚）の3つの感覚の傾向や、顕在意識、前意識、潜在意識のバランスや変化、さらに、行動するときの軸となる「脳のくせ」と言われるものに気づく事が出来、その結果、本人や家族のことをより客観的にとらえ、ストレス対策に応用することも出来るようになっています。

更に、時間的な変化の特徴を調べることで、全身のエネルギーの使い方の変化を確認することも出来るのです。

このような多角的な検査結果を相互的に組み合わせて、子どもの発達にどのような変化がもたらされているのかを確認しながら支援させていただいているのか、「笑顔グループ」での取り組みなのです。

第2章　遺伝子栄養療法しか改善の見込みがないと思い込んでいた自閉症児の母親

☆このお子さんとの繋がりは、感動で動き始めたお友達のお母さんのパワー

ちょうど1年前、柳原先生の施術を受けて、どんどんお元気になられるお子さんやお母さんたちを見ておりましたので、ラインでその様子をつぶやき、新たに整体グループを作って、その時の様子を詳しくお伝えし始めました。

松山という、限定された先生のもとでしか発達障害の子どもたちが元気になれないのは、とても残念で、キチンとした施術が出来る方が増えれば、助かる子どもが増えるはずだと、整体の勉強をなさっておられる方のネットワークを呼びかけたのです。

施術にもいろいろな方法があり、柳原先生の施術方法は、奥様との両輪で資格を取りながら独自の方法を確立されて来られたものだと理解しておりますから、整体師ならすぐに先生のように出来ると思っていた訳ではありませんが、私からのつぶやきを参考に、整体を学んでおられる方が、柳原先生の施術後にボランティアで子どもたちのケアに乗り出して下さるかも知れません。

一応、私のところで何が起きているのか関心を持っていただき、発達障害の支援の在り方が整って来た時に、きっと整体グループの出番がやって来ます。

整体師グループの勉強会が、柳原先生直伝で叶うかもしれないなどの願いを込めて、呼びかけて作ったグループだったのです。

昨年の6月の事でした。コロナ禍で、予約をしていた会場で映画の上映会と講演会が実施できるか中止になるか間際まで判断できないような雰囲気の中、6月の13日に松山で発達障害の子どもたちにオーガニックの給食をと呼びかけ、上映会と講演会、柳原先生からも波動の世界についての講演をしていただいたイベントに大阪から参加をされた方が、私に声をかけてくださいました。

この日私は司会を担当、この会のコーディネーターをしておりましたので、出演された皆様と参加された皆様とのつなぎ役に徹して、ナレーションを組み立てておりました。ズームでつぶやいている私にリアルで逢えたと、熱い握手を交わしながら喜んで下さっている。それは、私にとっても、初めて味わう感動の体験でした。

日頃、日常生活で役に立つＥＭ結界の作り方や、私が開発した自家製化粧水の作り方や、ステロイド剤などの体に優しい使い方などを、ズームでお伝えしていたものですから、質問をまとめて逢いに来られたとおっしゃられた熱心なズーム会員さん。

後日、その彼女から個人ラインに、「発達障害のお子さんがいる友人を、私のＥＭを学ぶ会と整体グループに招待しました。娘の写真も送りましたので、測定よろしく」とのメールが入ってきました。

その数日後のラインに、「小学６年生の発達障害の息子さんがいて、ＥＭを学ぶ会と整体グループに参加した友人が、松山で柳原先生に直接診断をお願いしたいと希望されています。」とも知らせて来ました。

そのお母さんから、11歳の男の子いっくんの様子がラインで送られて来ました。

1歳3か月〜4歳頃に発語が見られましたが、後退して言語障害となり、現在は「マンマ」くらいしか発語は見られません。

3歳頃から、あちこちの医師の治療を受け、遺伝子栄養療法を取り入れました。しかし、費用の工面が難しくなって途中断念しました。

家族の話す言葉は、ほぼ理解でき、指示通りには動けますが、多動があります。

食いしん坊で、在宅中、隙あらば冷蔵庫を何度でも開けて食べ物を口にするので、冷蔵庫には鍵をかけています。

人の表情や話をよく聞いており、それに反応した感情表出が見られます。

10種類以上のサプリメントを服用。サプリメントがあるから最低限の人間らしさを維持できているような感じです。と、

送って来られた写真で測定を行い、お父さんやお母さんに付き添われて、柳原先生の所にやって来られたのは、7月10日の事でした。

直接施術を受けられて、体の流れがグラフのように劇的に変化を見せた自閉症のお子さん。持参されたサプリメントも、お子さんにとってOリングチェックを行って頂きましたところ、半分は不用のものでした。

波動測定値グラフ①

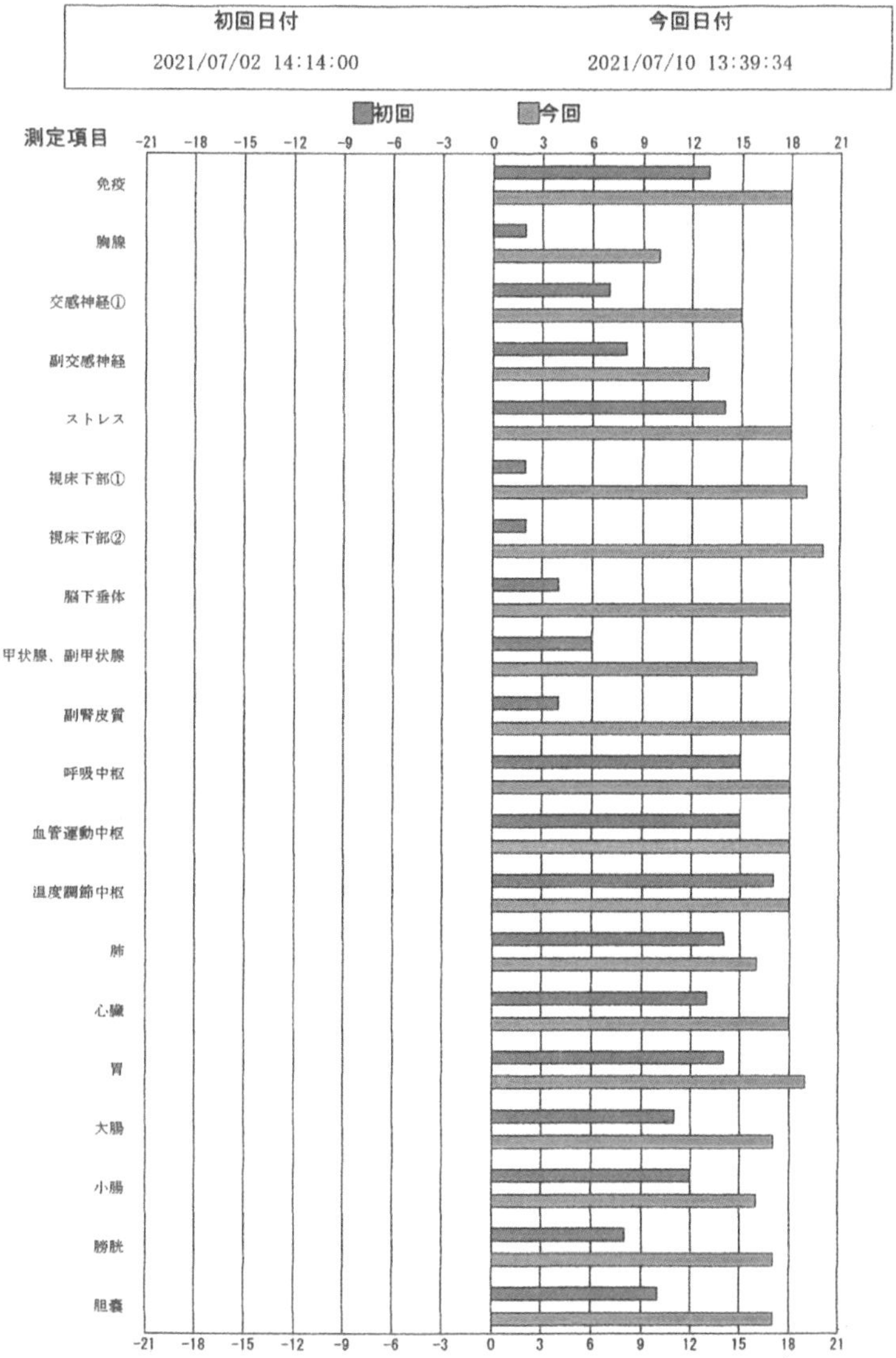
初回日付
2021/07/02 14:14:00
今回日付
2021/07/10 13:39:34
初回
今回
測定項目
-21 -18 -15 -12 -9 -6 -3 0 3 6 9 12 15 18 21
免疫
胸腺
交感神経①
副交感神経
ストレス
視床下部①
視床下部②
脳下垂体
甲状腺、副甲状腺
副腎皮質
呼吸中枢
血管運動中枢
温度調節中枢
肺
心臓
胃
大腸
小腸
膀胱
胆嚢

波動測定値グラフ②

初回日付	今回日付
2021/07/02 14:14:00	2021/07/10 13:39:34

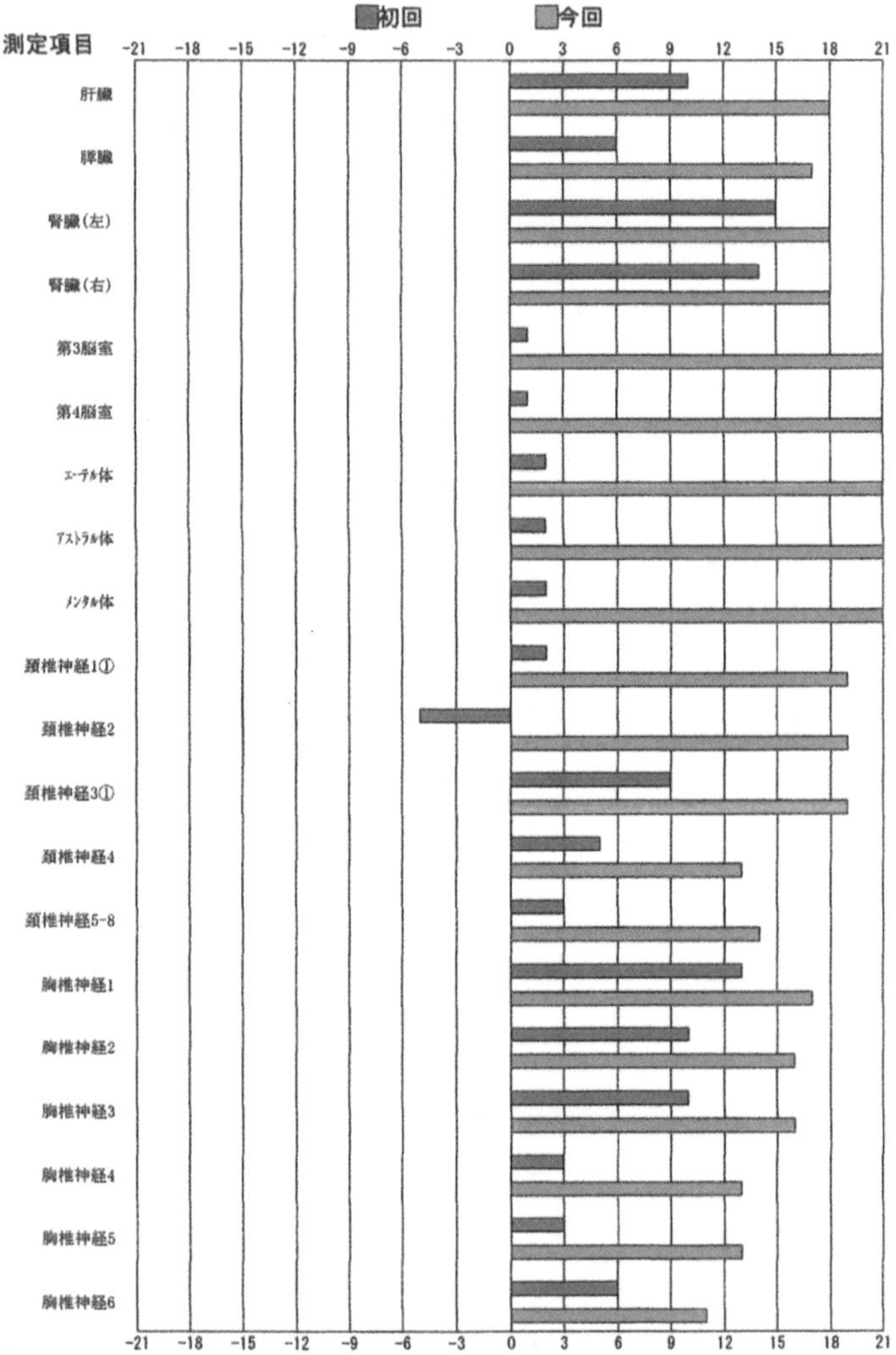

波動測定値グラフ③

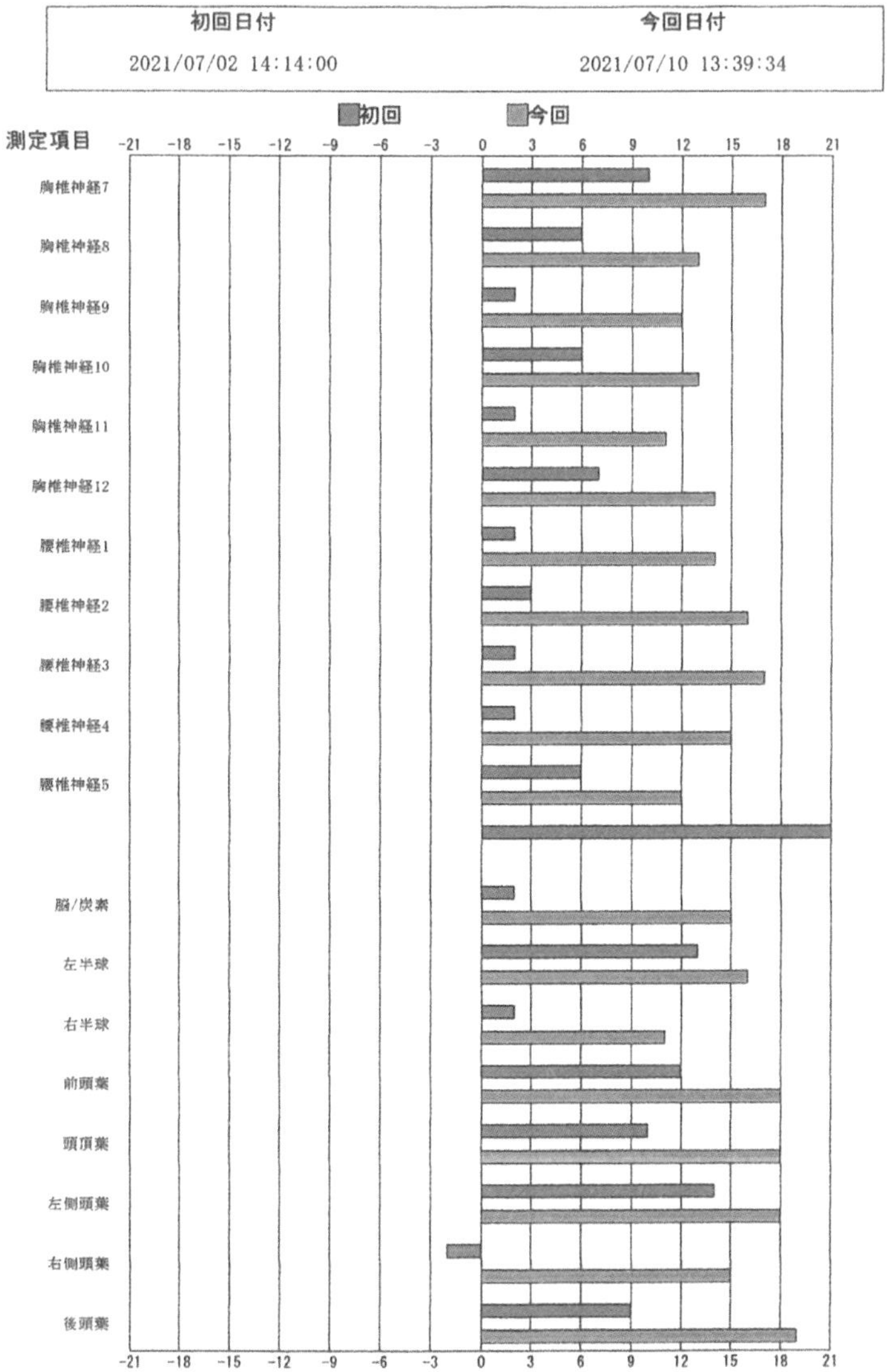
初回日付
2021/07/02 14:14:00
今回日付
2021/07/10 13:39:34
初回
今回
測定項目
-21 -18 -15 -12 -9 -6 -3 0 3 6 9 12 15 18 21
胸椎神経7
胸椎神経8
胸椎神経9
胸椎神経10
胸椎神経11
胸椎神経12
腰椎神経1
腰椎神経2
腰椎神経3
腰椎神経4
腰椎神経5
脳/炭素
左半球
右半球
前頭葉
頭頂葉
左側頭葉
右側頭葉
後頭葉

波動測定値グラフ④

初回日付	今回日付
2021/07/02 14:14:00	2021/07/10 13:39:34

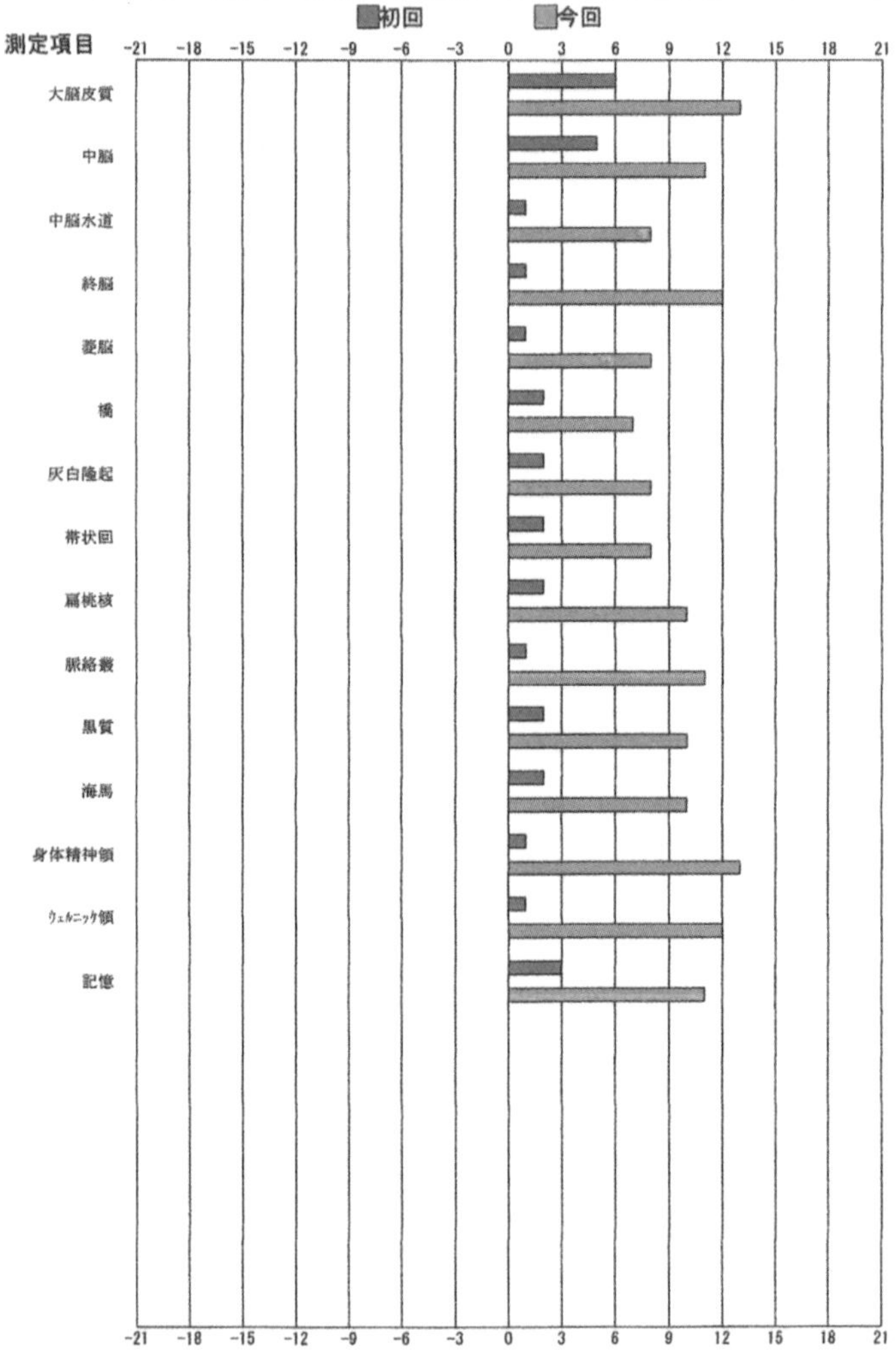

感動されたお母さんは、その劇的なようすをラインでつぶやかれたのでした。

ところが、そのつぶやきに何の反応も示さないフロアーの様子に、私は唖然としました。

ちょうど夏休みに入った頃で、お母さんたちにとっては、子どもの世話に大わらわの時間が増え、ラインなど見る暇がなくなったのは予測できました。

しかし、既読になってラインを見られた皆さんも、全く反応がない。夏休みになって、我が家は大変だというつぶやきすらもない。

この反応の違和感に、私はお母さんたちに向けて起爆剤を仕掛けました。

「目の前の困ったことは、打ち明けると、必ず救いの手が差し伸べられる。そして、一歩前進の未来が開ける。動かなくては何も始まらない」と呼びかけたのです。

そこで考えたのが、ＥＭの開発者　琉球大学名誉教授比嘉照夫教授へ助言を求めて繋ぐ特別支援の始まりでした。

発酵食品を受け取ったお母さんが、紹介をしてくれた友達に、まさかのうれしい展開に、驚きとお礼のメールを送られました。

メールを受け取った友達は、私に、「驚きいっぱい、感謝一杯で、紹介者の私にまで、たくさんのお礼を言ってくれました！」と。お母さんの喜びを伝えてきました。

その彼女は、自閉症児のお母さんにも、「しっかり受け取って、幸せに過ごすことが周りも幸せにする恩送りだよ。」と返信エールを。

その返信エールは、いっくんのお母さんの心にも火を付けたのです。

友達から、「彼女は、恩送りの、ボランティア活動を今から始めるようです。やる気満々のようすに嬉しくなってグループラインにメッセージさせていただきました。」と返ってきました。

☆　起爆剤とは、比嘉先生の助言を求めて繋いだ発酵食品の使い方

比嘉先生に助言を頂けるようになったきっかけは、2014年12月に親しくしていた女性アナウンサーがびっくりするような沈んだ声で、「悪性リンパ腫と診断されて、抗がん剤を勧められているのだけれど、EMで助かる道はない？」と相談を持ち込まれた事に始まります。

「地球を救う大変革」には、EMですべての事が解決できると書いてあるし、私自身が、夫に内緒で大腸がん疑いありのD判定から、乳酸菌や酵母などで発酵させたりんごジュースを飲んでA判定の元の体に戻せたという体験があったので、比嘉先生に相談させていただきま

した。

そのアナウンサーは、ＥＭの活用を徹底することですっかり元の体に戻り、２０１６年２月に行われた愛媛マラソンでは、フルマラソンに挑戦して完走もされました。

この時私は、先生に、「ＥＭの活用が素晴らしいパワーを発揮するという事は、よく分かりましたが、もしＥＭの活用方法を指導してもらえる機会がなかったら、助からなかったかも知れませんね。」とお伝えしていたのです。

するとどうでしょう。比嘉先生は、『笑顔グループ』の会員さんの難病などでお困りの方のサポートに乗り出され、ＥＭの活用方法や発酵食品の作り方や使い方を助言され始めました。

そこで、この発達障害のお子さんにも、そのサポートが受けられるよう環境を整え、先生に具体的なＥＭ活用の助言をお願いさせていただきました。

この特別支援がライングループの大きな刺激になって動き出したことは言うまでもありません。

夏休みが始まったばかりの7月末のことでした。柳原先生に診断を受けたいというお母さん達から連絡が入り始めました。

そこで、発達障害を持つお子さんや鬱で社会復帰が困難なお子さんの保護者にのみ参加資格を限定した「笑顔グループ」ラインを立ち上げ、安心して何でもつぶやける場を作りました。

その中から、先生からの助言が大きな助けになりそうな方を選んで無料の特別支援をお願いすることにしました。

これが「笑顔グループ」の特別支援と名付けている方法です。

☆ 施術時に、ネガティブになっている体の気が、触れることを拒んでいた!

柳原先生に事前写真で診断を受けた結果は、頸椎神経がマイナス5と、死なない程度の酸素しか脳に運ばれていないことを示す数値が出てきました。

そのため、左半球、前頭葉、頭頂葉、左側頭葉は通常の範囲の数値を示すものの、右側頭葉がマイナス2と、際立って低い数値が表示され、右半球、中脳水道、終脳、菱脳、橋、灰白隆起、帯状回、扁桃核、脈絡叢、黒質、海馬、身体精神領　ウェルニッケ領　記憶の部位が非常に低い域を示しました。

特に、左側頭葉優位は、典型的な語義失語像を呈して、知能検査でも、言語性の検査の成績が低く表れると言われています。

また右側頭葉マイナス2は、非言語的聴覚（音楽）の解釈が難しいと言われている傾向の値です。

しかし、このいっくんのゼロコード（前世療法などで言われる何代も受け継いできた魂の高さ）を見ると、２２２のすばらしい魂をいただいて、このお母さんを選んで生まれてきたことが伺えました。

松山にやって来たいっくんは、初めてみる部屋の光景に落ち着かない様子で、戸惑っていました。

いっくんが興味を示すおもちゃ箱をさりげなくマットの傍に置きながら、お母さんや私たちのことばかけに安心して横たわれるように、祈りながらの試行錯誤が始まりました。

横たわることはできましたが、体に手を触れさせることは難しいと判断された先生は、触れないで近距離から気を送り、淀んでいる気の入れ替えを始められました。

やがて、いっくんは安心したのか、先生ご夫妻がこわれかけた橋を修復するように血流の悪い場所に粒ゲルマニウムを貼る作業を受け入れたのです。

比嘉先生のお話だと、半導体的整流機能を持っている物質は、類似の性質を持つということでした。


ところが、今度は、筋肉をほぐすマッサージを始めたところが、「こちょばい」と、嫌がる反応を体で示しました。


痺れていいて痛みを感じるまでに至っていないところに、少しずつ血流が戻って正常な反応の痛みとして感じられるように、ていねいなゴットハンドのマッサージが続けられました。

やがて、「こちょばい」から「痛い！」と体の動きが変わります。強く押している訳ではないのに、「痛い！」と体が反応している。

これは、待っていた好転反応です。血流の悪いところを痛いと感じられる麻痺からの蘇生。

そして、45分後に再度確認の測定結果が、棒グラフの赤で表記された状態です。


頸椎神経や胸椎神経の血流を良くすると、内臓や骨格は通常以上の数値を示しました。

さらに、脳／炭素　左半球　右半球　前頭葉　頭頂葉　左側頭葉　右側頭葉　後頭葉　大脳皮質　中脳　終脳　扁桃核　脈絡叢　黒質　海馬　身体精神領　ウェルニッケ領　記憶の部位も通常域を示しています。

表2 低い数値を示した部位とその働き

菱脳………	第4脳室にあり自分と外界を考慮するストレスへの応答を司る
橋…………	運動に関する情報を大脳→小脳へ
灰白隆起…	体温調節の中枢
帯状回……	視床・大脳皮質の体性感覚皮質領域からの入力を受けて、各部位を結びつける役割。感情の形成と処理、学習と記憶に関わりを持つ部位で、感情による記憶にもかかわりを持っている。

しかし、中脳水道　菱脳　橋　灰白隆起　帯状回は低いものの、中脳水道の働きである第3脳室や第4脳室を繋ぐパイプの役目がしっかり機能し始めたことが確認できる数値1↓31　1↓33へと変化したのです。

低い数値を示した部位とその働きは表2のようにまとめることができますが、血流を良くしても劇的な変化が期待できなかったエピジェネティクス化。その解決を予感させる部位が、乳酸菌などで発酵させたりんごジュースなどによって好転現象を見せるならば、一生治りませんと医者から宣告されている発達障害の子どもたちの支援の在り方そのものが大きく変化するのではないかと注目することにしました。

☆　命を繋ぐために絶対必要と処方されたサプリメントの半分は不用なサプリメント

お母さんがいっくんに毎日食べさせていると言われるサプリメントを持参されました。「この子の命を繋ぐために欠かせないサプリメントとして、食べさせております。」と、両手に2杯くらいのサプリメントを並べられました。

ところが、本当にこれだけのサプリメントを食べなければ、命が維持できないかを、一つ一つOリングでチェックしていただきましたところ、半分のサプリメントは不用だったのです。

これだけたくさんのサプリメントを毎日食べさせるご苦労も大変、更に、これを命の宝物として食べ続けなければならないと指導を受けていたお母さんの気持ちはどれ程の物か。

私は、特別支援でいただいた助言と私の自分の手ごたえから飲み続けたりんごの発酵ジュースに期待をかけてお勧めしておりました。

ところが、10月3日の夜、いっくんの様子がグループラインでつぶやかれました。

『いっくんの言語面に大きな変化はないのですが、相変わらず、飛び跳ねが目立ち、何故かこの時期になると、3～4年前から肌がかさかさし始めます。』と。

私は、その時、『EMの善玉菌は量子の世界の特徴を持っているので、使う方の気持ちに共鳴して作用します。』と返信してしまったのです。

お母さんはこの言葉に、グループラインに入っておられる居心地の悪さを実感されて、いきなりグループラインから退席されました。

善玉菌に感謝しながら一生懸命食べさせておられたお母さん。そのお母さんに、私のつぶやきが、飛び跳ね現象はお母さんの気持ちに共鳴して起きていると追い詰めてしまったことを直感して、私はすぐに個人ラインで『このラインだけは切らないで！』と訴えました。

☆　繋がっていた個別ラインのやり取りで、りんごの発酵ジュースが多動傾向の原因になっていたことを突き止める

繋がっているお母さんにほっとしながら、私は、これまで、いろいろな手ごたえを見せ続けていたりんごの発酵ジュースに、多動傾向を誘発する何かの原因が潜んでいるのではないかと調べ始めました。

いっくんの副腎皮質との共鳴度を調べたのです。すると、やはり、拒否反応が出ました。

私も飲み続けているりんご発酵ジュースですが、自分の体の測定値でも副腎皮質が15と他

の臓器より低い結果の原因が、このりんご発酵ジュースにあったのではないかと疑問を持ち続けていたのです。

直感通り、原因は、市販100%のリンゴジュースでした。多くのスーパーマーケットで販売されているリンゴジュース。メーカーを信じて使っていたのですがショックでした。

そのジュースを、電子レンジで10秒チンをして測定した結果、副腎皮質の拒否反応は解消しました。

EMの微生物の中には、ダメな物を原子転換して良いものに変えるハタラキがある。量子の世界の宝物として開発された比嘉先生の教えを実験で示した、「微生物さんのパワーを引き出すのはあなた」のP214(シュッシュッチンは本物だった)で述べたように、悪魔が天使に変わるくらい劇的な変化を見て来たのですから、これだったのだと納得しました。

早速、りんご発酵ジュースを作っておられる皆さんに、ラインでお知らせして、リンゴジュースにシュッシュッチンをお勧めしました。

☆　体の改善や行動に変化の手ごたえをキャッチしたお母さんに心のゆとりが

りんごの発酵ジュースの新しい作り方で再度試されていたお母さんから、１か月後の11月に、助言の依頼が入りました。

そのメールに、『息子の多動は少しマシになっていますが、夕方になると飛び跳ねが強くなる傾向があり、それは変わっておりません。いつも飲んでいるサプリの効果が薄れるためなのかなと感じております。言葉の目立った進展は見えませんが、リモコンを探していた息子が、「〇〜も〇ん！」と言い、リモコンが何処にあるか訴えて来ました。まだまだはっきりとは、聞き取れませんが、日常会話のあれこれを発声しょうという姿が見られます。そして、より一層、人間らしい感情表現をするようになりました。

パパに叱られ、バツの悪そうな表情を浮かべ、しばらくパパがムスっとしていると、自発的に頭を何回か下げてごめんなさいの態度を示したり、お気に入りのアニメーションを観ていて、片手を突き上げて同じようなポーズをとって興奮し、楽しんでみたり、今朝は、自分で歯磨きをするように何度もパパに促され、お茶らけた態度でその場から逃げ出そうとして、不意に電動歯ブラシを落としてしまい、「しまった！　やばい。」とパパの様子を伺うような表情を見せた事が新鮮でした。

お調子者の面があり、デイサービスの方が家まで送ってくださった際、母が出迎えると、わざとけたけた笑いながら、地面に平伏したりして、なかなか起き上がらず困らせます。そのお調子度合いが、増幅というか酷くなっているといいますか、成長しているようです。

最近気になる体の様子です。就寝前に腕や脚をガリガリ引っ掻いたりしています。アレルギー症状と思われます。

食事を食べ始めてしばらくすると、手で顔を覆って目をつぶり、ちょっとしんどそうな険しい表情を見せ固まります。

数分すると、そのこわばりは解けて食事を再開します。その姿は以前からちょくちょく見られていたことですが、最近は、ほぼ毎日です。息子の体で何が起きているのか心配になります。

食べ盛りで、背が伸び、1年前は細身だった体が、中年腹みたいにお腹が出て、肉付きがとてもよくなりました。

スマホ依存は相変わらずで、いつも首回りが硬いようで、毎日首の左右にゲルマニウムを貼っています。』と。

☆　他者への関心が広がり自らコミュニケーションを取り始めたいっくん

11月末の発酵食品の追加希望の時に送っていただいた近況報告メールです。

『息子は、歯磨きが上手になりました。最後の仕上げ磨きは親がやっていますが、歯ブラシを持って歯を左右上下に動かして維持する時間が長くなりました。

最近は、学校で、お気に入りの女の子や、妹に対して、やたらと手を差し出して、タッチしようと、催促しています。他者への関心が広がり自らコミュニケーションを取ろうとしています。』


12月のメールでは、『最近はよく泣きます。おそらく、息子以外の家族で談話していたり、自分だけ除け者扱いされていると感じたりして悲しくなっているようです。泣く変わりに、怒って茶碗をわざと落としてみたり、学校では、好きな女の子に注意されて泣き出したりすることもあるようです。感情豊かになっているんだなあと思います。そして、全く夜尿が見られなくなりました。２～３か月前までは、朝起きると、大なり小なり、下着が濡れていたのですが、このところそれがありません。進歩しています！　痛い？　と訊くと、「……たい」と答えてくれます。デイでは、最近、エビ、カニと発声したそうです。』

そして、年末には、私たちの被災者支援活動のために、『誰かのために、古着を発送させていただきました。お役に立てますように、よろしくお願いします。』とのメールと荷物が届きました。

この数か月という速さで、発語も見られ、感情の表現も出来て、脳がドンドン働き出している手ごたえを感じます。

内臓の細胞は、3か月で入れ替わると言われています。私が考案したりんご発酵ジュースを飲み始めると、大体3か月で、素晴らしい変化が現われてくるのです。それは、確実に血流が良くなり、必要な所に必要な血液が循環して、脳や内臓などの細胞が新しく作り変えられた結果、それまで難病だと言われていた症状が改善出来ているのだと感じています。

私が真剣に微生物について勉強し始めたのは、アランナ・コリン著の『あなたの体は9割が細菌』という本に出合ってからでした。そこに示される内容をイメージしながら、ＥＭという豊かな微生物の力で、細胞が活性化されたり、正常化されたりする手ごたえを感じてきたのです。

☆　跳びはねさえ収まればと、食べ物と跳びはね傾向を観察され始めたお母さん

年が明けて今年の1月、メールが届きました。

今回はちょっと前向きな内容とはいかないかも知れません。私は、息子の腸内環境を改善させたい一心で、昨年の3月から米のとぎ汁を使った漬け物を作り始め、息子に毎日のように与えて来ました。

それが功を奏したのか、少し荒れ気味だった息子の肌が、7月にはもちもち、すべすべに変わりました。アレルギー反応で、あちこち掻いてしまう様子も見られなくなりました。そういう状況下で先生から助言を頂けることになり、昨年7月下旬から発酵食品を使い始めました。使い始めて間もないのに、驚くような上向きの変化を見せてくれています。

ただ、昨年10月に入ってから、また手足をかきむしるようになったことは、以前報告させて頂いています。

その秋の頃に、この3〜4年、決まって掻き掻きしだすことを目の当たりにしていたので、またかとの思いで、様子を見ている状況です。

ちなみに、お正月に因んだ甘い料理を食べさせる機会が多かったこともあり、多動が増しています。

腸内の悪性菌が待ってましたとばかりに甘いものに反応し、増殖したのが伺えます。

昨年の秋口まで、きれいになっていた息子の肌は、度々の掻きむしりで、また荒れ気味に、そして、多動アップです。

過去の改善の取り組みで、そんな風に良くなったかと思えばまた、逆戻り、という状況を何度、目の当たりにして来たことか。

善玉菌を取っているのに、何故だろうと思わずにいられないのです。私の想念の深さがまだ足りないのでしょうか？

限界突破できる程の想念が足りないのでしょうか？

息子の腸内のあちこちにびっしりと形成されているであろう悪性菌群、バイオフィルムを善玉菌が、削ぎ取り、そこに負けじと入り込んで、じわじわと勢力を拡大し、腸内細菌のバランスがとられていくイメージをしながら、祈念して与えています。

過去に、バイオフィルムを破壊して、腸内環境改善を目指す取り組みを3度はしたことがあります。ＥＤＴＡや抗菌ハーブなどがミックスされたハーブを数日間飲ませていたのですが、確かにバイオフィルムを破壊させる効果はあったと思いますが、1週間位は飛び跳ねが見られなくなり、落ち着いていても、また結局多動が始まってしまうのでした。

過去の経験で、菌のしぶとさを実感させられました。今回も、ちょっと気持ちがへこみ気味なのですが、現状を打破するには、どうしたらよいでしょうか？息子の現状をどう考察されますか？

私は、お母さんの切実な呟きに、『時々、骨格を確認されるのが大切です。元々歪んでいたところに、筋肉の引っ張り方がダメな方向に引っ張ろうとするので、ズレの傾向が大きいのですね。おやっと思ったら、まず骨格を疑え！　です。』と、返信しました。

☆　おやっと思ったらまず骨格と筋肉のバランスを疑え！

現在の写真を送って頂いたところ、明らかに左右の肩の高さが異なる。測定していただいたところ、図２の結果に、頸椎神経２番の血流のながれが悪く、そのため、副腎皮質も２と落ちていました。

写真から粒ゲルマニウムを貼る場所を写真で示しラインで送りました。姿勢の悪さが確認できました。

特に、テレビを見たりスマホを使ったりしている姿勢が気になると伝えたところ、スマホ依存度の高いことが理解できました。

骨格のバランスを整えるには、かかと落としやハイハイ運動が効果的と勧められていますが、なかなか続けられないのも現実です。ですから、子どもには、外遊びをしっかりさせましょうと勧めているのです。

☆　発語やコミュニケーション能力に変化が

2月7日のメール

肌をボリボリ引っ掻く頻度が少し減ったように思います。

おちょくりまんぶりは、相変わらずです。

自然に発語することが増えています。言葉のバリエーションは増えてはいないのですが、ゲルマニウムを貼るときに習得した「ここ」という言葉を、しもやけの出来た手を差し出して、見てよ的に発したり、テレビのリモコンが欲しい時やパソコンを触りたい時に、それを置いている場所を指さして「……コン　……コン」と言ってきます。リモ、パソは、はっきり言えないのですが、伝えたいことがよく分かるのです。

何?と、確認すると、「うん」と、ちゃんと相づちを打ってくれるので、コミュニケーションが取れていると実感しますし、息子とのやり取りがおもしろく楽しいです。

息子は、２月１日にコロナ感染で発熱しましたが、すぐに熱が下がり元気にしています。家族は濃厚接触者、みなし感染者として11日まで、自宅療養しなければなりません。でも、皆元気です。意地でも、私達は、ワクチンを打ちません。と、未来を照らすお子さんの変化が私たちへの宝物のように送られてきました。

３月２日のメール

現在６年生の息子ですが、同じクラスにお気に入りの女の子がいるようです。

これまで、自分から直接他者にかかわっていくことが余りなく、お友達のやっていることを端から見て、楽しむことの多い子でしたが、最近はその女の子に接近して抱きしめようとしたり、背後からその子の髪の毛をなでなでしたりするそうです。

しつこくし過ぎて、さすがにその女の子に怒られたりするそうですが、めげずにまたやっているそうです。

微笑ましい話です。担任の先生が、他者への関心、関りが増えていますねと、おっしゃっていました。

また、５年生の妹に、悪口雑言を投げ掛けられることの多い息子ですが、いつもなら、妹からの攻撃に対して、ケタケタ笑うか、泣きじゃくるか、黙って引っ込むという態度だったのですが、３週間前に妹の態度に怒った息子は、無言で仮面ライダーのおもちゃの剣を手にしてきて、初めて妹に斬りかかろうとしたのです。

パパが止めたので、事なきを得ましたが、息子に「この野郎やり返してやる！」というような感情が生まれたことに成長を感じました。危ない行動ではあるけれど、母として嬉しく思いました。

他者とのかかわりに、自分の気持ちをしっかり持って、相手に伝え始めている。余りにも、素晴らしいいっくんの発達ぶりに驚きと感動で、涙があふれました。

そのような働きの回路が整って来たことを、木林先生と柳原先生にもお伝えしたくてメールを転送させていただきました。

この時、私達は、病気にならないレベルの作物を作り、その表示を波動測定値で示し、消費者に提供できる仕組みを作るために、１０００坪ガーデン【えひめＥＭホシとタンポポ】の工事費用を募集するクラウドファンディング広報動画を送っておりました。それに応えて、返礼不用の寄附の申し込みまでいただいたのです。

お母さんからのメールには、『共感、感動していただいていてありがとうございました。柳原先生には、度々波動測定をしていただき、お礼も言えずじまいで申し訳なく思っております。一度お会いして、整体を受けただけですのに、そのあと、ずっとサポートを頂き、何から何まで、本当にありがとうございます。』と。

皆さんのご苦労が、自分の事のように分かりますから、共に未来に希望が持てるように道を開きたい。そのための応援です。この様な、お子さんの姿こそが、私たちの希望と喜びでもあります。

☆　更なる食事の徹底観察が続く

３月24日のメール

前回から、特に大きな変化は見受けられません。相変わらず、多動はなくなりません。随分前から、息子に味噌など発酵食品を食べさせた後、手をパンパン叩く、ぴょんぴょん跳ねるなどの多動が酷くなると実感していました。

糀は、カビ菌の一種ですから、腸内細菌のバランスが崩れている息子にとっては、好ましくない方向に働くことは知っていました。
けれど、健康や日本人としての食習慣のあり方として全く食べさせないのもどうかと思っていますし、腸内細菌の多様性を創り出すために、何年もかかるかもしれないけれど、いろんな菌を摂らせていくべきだろうとの思いで、お味噌汁を週に1〜3回は食べさせてきました。

手づくりの漬け物は勿論、梅干し、キムチも少しだけ食べさせ、腸内の様相がいい方向に変化してくれることを願って続けてきました。
けれど、今月11日に小学校の卒業式があったのですが、式の中で、誰よりも我が息子が頻繁に飛び跳ね、じっと座っていられず、一番目立っていました。その姿を目の当たりにして、正直やるせなくなりました。

今まで、やって来たことは何だったのだろう。でも、悲しい顔を見せないよう、息子や先生の前では笑顔を向けている私です。前日に、初めて購入した中国産のたまり醤油に漬け込んだ鶏のから揚げを食べていたのですが、その影響なのか?自問自答しました。

1か月程前から正直、りんごの発酵ジュースが多動の後押しをしているようにも感じられ、

表３ 画像として送られて来たよく使う食材

自家製きゅうりの漬け物、味付け塩だけの無農薬梅干し、砂糖・食塩不使用のトマトケチャップ、あごだし入り白だし、純米料理酒、本みりん、国産有機野菜・果実で作ったお好みソース、黒酢玉ねぎドレッシング、創業寛政〇年ゆずポン酢、有機本醸造醤油、本醸造たまり醤油、こめ油、無添加こうじ味噌、中国原産キシリトール、カルシウム含有酵素塩、だしパック、有機トマトケチャップ、化学調味料不使用チキンコンソメ、ふっくら米粉、国産大麦100％国内製造麦茶、乳酸菌大麦若葉粉末、新竹ビーフン、生き物の育む豊かな田んぼの米、よく食べる鶏肉

頻繁に飲ませることを止め、飲みたがったら、ほんのちょっとだけ与えるようにしています。こんなご報告はしたくなかったのですが、現状をきちんと知ってもらうべく吐露させていただきました。糀食品は、当分息子には与えない方がよいでしょうか。アドバイスがありましたらお願いいたします。

頑張っておられるのに、がっかりされた気持ちよく分かります。そこで、少しでも改善の為に、お力になればと思います。使っている食品の写真を送ってもらえますか？と返信しました。

さらに、一応口に入れる味噌でも何でも、私は市販のものは全て、電子レンジでチンしてから口に入れるようにしております。もし、副交感神経の数値を落とすような物が見つかれば、シュッシュッチンで、上手くいくのかも確認したいと思いますと付け加えました。

多動を誘発する食品一覧

多動を強く誘発する食品と反応の出た食品の順番は①～⑦となる

①黒酢玉ねぎ　②お好みソース　③きゅうりの漬物　④あごだし入り白だし　⑤有機トマトケチャップ　⑥味付け塩だけの無農薬梅干し　⑦本みりん

①～⑦の順番は、特に多動を誘発する度合いが強く表れる食べ物の順番です。毎日のように食べさせている漬け物で、多動が誘発されていたなんて！

しかも、善玉菌を増やす腸内環境に良いと食べさせている発酵食品や、発達障害の子どもたちにはミネラルがお勧めと食べさせている食品の数々が、多動を誘発する原因のひとつになっていたという現実に戸惑われました。

これらは、第1章の【違和感の強いミネラル食品が氾濫しているわけ】でも説明した通り、地球の環境が私たちの予想を遥かに超えて汚染されているという事を訴えております。

この結果を見ると、お母さんたちにとって毎日の食生活の準備が益々大変になると予測できます。

そこで、比嘉先生が、この現実を緩和するために、特別に私たちに開示してくださったのが、量子の世界の特別の効果がある微生物たちの、電子レンジを活用したシュッシュッチンだったのです。

（参照「微生物さんのパワーを引き出すのはあなた」Ｐ２１４より）

この方法で、多動を誘発する原因が抑えられるのなら、お母さんたちは、安心して毎日の食事が準備でき、スーパーマーケットで販売されているお惣菜にも手を伸ばすことができます。

しかし、日常的な活用には、シュッシュッツチンを行った状態での発達障害児との相性度の確かなデータを集め、確認していくことが大切になります。

私たちの今後の実践結果が、大勢の発達障害の子どもたちにとっての救世主となり得る宝物になるとの手ごたえを感じております。

4月18日のメール

数日前、久々に息子とパパが家の中でキャッチボールをやりだし、以前よりも上手にキャッチ出来るようになっていました。

しかも、連続キャッチです。そのやり取りを15分位はやっていました。

また、先週末の眼科健診では、片目を隠して全問正解出来ていたそうです。

昨年の夏、眼科では視力検査を落ち着いて受けることができましたが、その後効果が後退していて、上手に視力検査を受けられないのではと、心配でしたが、大丈夫でした。

以前全く出来なかった事が、ドンドン出来るようになる。

体にきれいな血液がめぐり、脳や内臓の細胞が新しく生まれ変わる営みが、体の中で順調に行われている証拠だと思われます。

私は、医師から「一生治りません」と宣告されてきた子どもたちの体に今起きていることの意味を理解しながら、この変容を見せてくれているお母さんや子どもたちに、手を合わせて「ありがとう！　ありがとう！」と何度も呟いております。

5月6日のメール

息子が5～6歳の頃に言語の使い方や、発語を促すような発達トレーニングのＤＶＤのセットを買っていたのですが、当時は関心が薄く、集中が続かなかったので、そのＤＶＤはお蔵入りしていました。

１か月前に、ふとその存在を思い出し、見せてみたところ、興味深げに凝視して、１５分程の映像を最後まで見てくれたのです。

それからというもの、毎晩、発達トレーニングのディスクを就寝前に布団に入って、自分でセットし、わざわざ2倍速にして見るようになったのです。

過去の姿からは、想像出来ないくらい凝視して、眠くなるまで見ているのです。右脳優先だから、早いテンポの方が心地よいのだなあとも感じます。成長の一コマでした。

今回から発酵食品を増量してみました。息子の中学の入学式にいい顔の写真が撮れましたので、節目に、写真はがきを比嘉先生、柳原先生、野本先生に送らせていただきました。

中学校の制服を着て、晴れやかな笑顔でＶサインをして私達に語りかけてくれる入学式後の親子の写真。お母さんの鼻の高さを追い越して、背も高くなり、１年前に松山で逢った時のいっくんとはまるで別人のいっくんが私を見つめてくれます。

ハガキに添えられたお母さんの言葉には、『素敵な笑顔の息子をカメラに収める事ができました。多動が治まらず、気になることもありますが、確実に行動レベルは上昇しています。彼のおちょくりマンぶりに振り回される日々ですが、私達家族に笑いをもたらしてくれています。ウクライナの戦禍を思うとつらく、こうして生かされていることを本当にありがたく思います。』と、したためられています。

この写真は、発達障害の子ども達の支援の在り方を大きく変える宝物。私達の笑顔グループでの小さな働きかけが、家族の夢と希望と幸せを呼び寄せ、世の中を変える大きなパワーになる。そういう確信を運んでくれている写真です。この１枚の写真は、私たちへの何よりの宝物です。

5月16日のメール

実は、困った事が起きています。ずっと多動の収まらない息子に、先月末位から、発酵食品の量を1．5倍に増やしました。

それから、10日位して、スクールバスの添乗員さんに、「いっくん、最近バスの中でよく席を立ってじっとしてくれないので、すみませんけど危ないので、胸ベルトを付けさせてもらってもいいですか？」と言われてしまいました。

勿論、私は、結構です。と答えました。先月の授業参観でも、じっと座っていられず、何度も教室を飛び出しては先生の手を焼かせていました。発酵食品を増やしたことで、いつも以上に落ち着きがなくなる状態に。何故でしょうか？

腸の中でこの善玉菌たちは、どのようなハタラキをしているのでしょうか？　3月に依頼した画像診断の結果も併せて教えて頂けたらと思います。

この質問に対しての見解は、『細胞にエネルギーを供給します。それで、細胞の正常化を目指します。薬品成分はないのですが、多めにとると、稀にマグネシウム量が多くなり、代謝が活発化するかも知れません。

代謝反応に影響するのかは不明ですが、体内の活性化に伴って身体の動きに影響が出ているのか？

やはり、量を減らして様子を見守るようにお願いします。と返信を頂きました。

さらに、お母さんからは、昨年、ＥＭ様や野本先生方にご縁をいただいて、少し戸惑いました。電子レンジでシュッシュッチンすれば、悪いものがいいものに変わる。パンだろうと牛乳だろうとお構いなし。極力、小麦製品や、乳製品を避けて来た私はどうしたものかと考えさせられました。

内山葉子先生の理論を広く知ってもらう必要はないのかと。そこは、曖昧のまま、今にいたります。まだまだ未熟者で意志薄弱な私ですが、是非とも、野本先生のお近くで、先生の目指しておられる地球を良くする、安心して生活できるお手伝いが出来たらと思っております。

6月21日のメール

画像診断を受けて多動アップさせる食品を避けてみたもののやはり多動は収まりませんでした。これまでの私の経験から、腸内細菌が悪性菌優勢によるセロトニン不足、発酵食品に含まれるカルシウムによる興奮の増強ではないかと思われました。

ここ2～3年飲み続けてきたプロバイオティクス（13種類の菌入りのカプセル）が効かなくなっているようだったので、数か月止めていたのです。

今月月初めより、サプリ購入サイトより、32種類の500億の菌含有プロバイオティクスを見つけて購入し、飲ませ始めました。そして、発酵食品も減らしました。するど、飲ませ始めて数日後に行われた体育祭では、ほとんど先生の補助なしで落ち着いて演技をこなすことが出来ました。

時々跳ねてはいたものの、最近の跳ねまくっていた姿とは大違いでした。まだ、プロバイオティクスカプセルに頼る必要があると実感しました。

しかし、もともといる悪性菌たちも、新しい菌に耐性を持つようになるので、いつまでこのサプリが効いてくれるか分かりません。

朝プロバイオティクスを摂らせて日中は落ち着いていても、晩になると跳ねが強くなるのは今までと変わりません。新しい菌が腸に定着出来ずに排出されるからでしょう。

最近の私は、どうかEM様、新しいプロバイオティクスとタッグを組んで、息子の腸に定着して腸を綺麗にしてください。そして、本来の腸の正常な働きを取り戻しもどさせて下さい。ありがとうございます。と、祈っています。

比嘉先生からは、『EMは、育菌や貯菌よりも細胞正常化に働く傾向です。りんご発酵ジュース等で酵素&腸内フローラの強化に努めて様子を見るのもよいかも知れません。』と、お返事をいただきました。

お母さんは、これまで学んできたことを実践に移され、食生活の記録を取りながら、一つひとつ いっくんの多動との関係を探りながら、プロバイオティクスカプセルを思い出して、多動が少し抑えられる手ごたえを得られました。

ＥＭは量子の世界の特徴を持っていますから、開発者の比嘉先生は、効果が現れるまで使いなさい。扱う人の想念に共鳴しながら結果が現われるので、感謝の気持ちをもって使いなさいと指導されます。

それが、世間では、宗教と誤解され、ＥＭと聞いただけで、拒否反応を示される方も少なくないのです。

見えない世界の微生物さんの恩恵を受けて、環境や体をよりよい方向に修正する。善玉菌有利の方向に少しだけ舵を切るだけで、日和見菌の味方を付けられる。これが、私達の行っているサポートの基本です。

同じものでも、その方の住んでおられる環境や、体の様子によって、良い効果となって現れる限界突破は、人それぞれである事をきちんと理解して実践に臨まなければ、希望が見えてきません。そういうことを、いっくんも、いっくんのお母さんも、私たちに見せてくださった素晴らしい取り組みの事例です。私達は、勇気をもって、信じて実践してくださったご家族の皆さんに、感謝と拍手を送ります。

コメント
このお母さんの取り組みを支えていたのは、6年前に出逢っていた統合内科医内山葉子氏の『子どもの病気は食事で治す』の本や、アメリカの博士で、自閉症治療に長年取り組んでいらっしゃるエイミーヤスコＤｒ．のプロトコールです。

日本の歯科医で、鈴木淳という方が、それをアメリカで学び、日本で自閉症の親にズーム指導をされておられますが、お母さんは、それにも参加されておられます。
脳の働きや集中力、落ち着きや記憶などに関わるサプリを削ると、いつも以上に集中力に欠けたり、何度も同じことを確認して来るため、まだまだ主要なサプリが削れないのが現状です。

しかし、『ＥＭが、汚れた池や川や海をきれいにしてくれるように、我が子の腸も、どうか、どうか、きれいにしてくださいませ。』と、祈りながら日々いっちゃんとかかわっておられるお母さんの姿は、今後の改善が加速していくことを私たちに予感させてくれます。

「先天性のもので、これといった治療法はありません。多動がひどければ、それを抑える薬を処方することはできます。」と言われた医師の宣告にも負けず、自分に出来ることを徹底して頑張って来られたお母さんの奮闘ぶりに私達も何とか応えたい、このような確かな実践こそが新しい支援の扉を開くと、感動と手ごたえを味わわせていただきました。

いっくんのお母さんは、いっくんの生きにくさを解消するために、徹底して食に目を向け、支援仲間に繋がり、上手くいかないことにも諦めず、最新情報を手にされながら、頑張って来られたのですから、いっくんにとってはオリンピックメダルを手渡したいようなお母さんの姿です。

第3章　支援の輪に繋がりにくい環境を持つ子ども達

世の中には、公的な支援もボランティアの支援も、支援を得る機会はたくさんあります。しかし、どうして希望の見える支援につながりにくいのでしょうか？

世の中のお母さんたちは、自分のお腹の中で大切に守り育てて来た赤ちゃんを、激痛に耐えながら、この世に命を送り出してきた皆さんです。

ところが、育てている内に、どうして？　何が原因なの？　こんなはずではなかった！　と、希望だったはずの子育てに、医師からも、「生涯治りません。」と、崖っぷちに追いやられ、このような子どもを産んだ自分を一人で責め、この子を道ずれに命を絶ちたい！　そんな気持ちに何度も追い詰められているのです。

誰しも、いっくんのお母さんと同じように苦労しても、追い詰められても諦めないで何とかしたいと思う気持ちはあっても、これまで、助けてもらえる人に上手く繋がることができませんでした。

しかし、私は、今回、子どもたちのお父さんやお母さんに繋がるまでに、家族の中にも大きな壁がいくつも立ちはだかっていることを実感してきました。

壁は、子どもを取り巻いている家族が作っています。その壁を乗り越えられるか乗り越えられないのかは、やはり、家族のありようだということをまざまざと見て参りました。

我が家でも、ＥＭに全く理解を示さない夫が、私の伝える情報を全く無視し続けてこの春コロナに感染しました。

糖尿病などの持病を持つ84歳。病院の薬は処方された通りきれいに飲み続け、ワクチン３回も接種しています。でも、体はボロボロのはず。主治医も本人も、これで人生が終わったと覚悟したその状況から、入院をしない自宅療養を選択しました。

ところが、主治医が心配した症状は全く見せず、熱は1日で下がり、酸素濃度も脈拍数も全く心配のない状態で元気に過ごした奇跡を体験しました。

コロナ後遺症には少し喘ぎながらも、人が変わったようにEMを信じ、整体を信じ、写真画像診断でゲルマニウムを貼り、体を整流するのに役立つ手作りEMグッズをすべて身に付けるようになりました。

解毒を兼ねた手作りパセリジュースを飲み、私が伝える方法に素直に従い、感謝の言葉と、信じる気持ちの変化を見せているのですから、努力の成果は必ず出るものだという希望が見えてきました。

私の夫は「微生物さんのパワーを引き出すのはあなた」でも紹介しましたが、公共放送や大手新聞記事から得る情報が全て、典型的な朱子学の思想に支配されている役所の考え方でしか物事を判断しない元公務員です。ですから、見えない世界の宗教のような事を伝えると、その入り口で、脳がシャットダウンしてしまうのです。

ところが、自分が死の淵に立ってみれば、意味が分からなくても、妻の行うことに従うと体がきちんと反応して楽になりました。これまで、巷の情報や友人から聞いてきたこととは全く異なる自分の体の元気な様子に、「妻のやっていることは、本当は素晴らしい凄い事なのかも知れない」と、受け入れ態勢が出来て、命の恩人としての感謝の気持ちも芽生えたのだと感じています。

私は、コロナの感染が広がり始めた時から、いち早く、どうやれば自分たちの体を自分で守れるのかと、色々な方と繋がり、資料を集め、ワクチンに頼らないで元気で過ごす方法を貯えてきました。

その準備していたことが、「夫で試しなさい」と神様からのプレゼントのように、ＰＣＲ検査陽性判明者として告知されたのです。

私には、発熱も咳も、体の異常は何も認められませんでしたが、みなし感染者として、外出禁止が申し渡されました。

飲むジュースの作り方も、事前に波動測定値で測定して、コロナとの相性度を確認しておりました。また、夫が感染によって受けたダメージの場所を、画像診断で確認して、そこにゲルマニウムを貼って血流を整えました。

さらに、日頃食べさせていたミネラルや乳酸菌のサプリメントや発酵食品がきっと応援してくれるはずと、気持ちのゆとりをもって過ごせたのです。

認知症対策で、いろいろな仲間との交流の場所にどんどん出かけていた夫ですから、感染源は特定できませんが、感染したことは間違いありません。

しかし、私は何の異常もなく、やり過ごせたのです。

私はこの体験から、家族の間にある埋められない壁や誤解は、大きなきっかけをチャンスに生かすと、思わぬところで、壁が壁でなくなり素晴らしい幸せパワーを放つという手ごたえを感じております。

そこで、いろいろな誤解や行き違いや葛藤をクリアして、やっと私達の支援の入り口に立てた子どもたちの紹介を通じて、まだ十分な支援には至っておりませんが、とりあえず、これから希望の見える支援に繋がることを感じていただき、繋がりたいけどムリと諦めているおばあちゃんやお母さんの勇気になればと思っております。

☆　ＥＭ栽培に熱心なおばあちゃんとの間に大きな溝が出来ていた事例

昨年の春の事でした。私からＥＭを学ぶラインに繋がっておられたおばあちゃんは、いち早く、発達障害の子どもたちの支援に乗り出した私の情報に心を躍らせておられました。

自分で育てているＥＭ栽培の野菜の写真や、孫が利用している施設に、プリン石鹸などをプレゼントしてＥＭのよさを伝えておられる様子が、伝わってきました。

柳原先生の波動健康相談が写真映像から受けられることを知って、すぐに11歳のお孫さんとおばあちゃんの写真が送られてきて診断を依頼しました。

自閉症と伝えられたお孫さんの測定値からは、頸椎神経1~3番までの血流が悪く、その影響で、右半球1　、脳／炭素2　と脳への酸素不足が心配される結果が見えてきました。腰椎神経1~5番もことごとく低く、具体的にどうゆう状態のお孫さんの状況かは分かりませんでしたが、出来るならば、早い時期に施術に来られることをお勧めして返事を待ちました。

ところが、ご両親がお孫さんを松山に連れて来て施術を受けることに拒否を示されたようでした。これまでに全く聞いたこともない方法での発達障害の子どもの支援に、両親が理解できるはずはない。そう思っておられたおばあちゃんは、松山への施術を断念されて、自分を特別支援の笑顔グループに入れて貰えないかと連絡がありました。

熱心に私のズーム講習会にも参加され、ＥＭの最新情報を手に入れて、実践を重ねられるので、おばあちゃんのＥＭ活用力が向上しているのはよく理解できました。

しかし、私は、おばあちゃんではダメなことをお伝えしました。

親がきちんと理解をして、納得して、すぐに結果が出なくても、親子で歩む気持ちが持てない方に、いくら身内であるおばあちゃんに頼まれたからといってお手伝いさせていただいたのでは、トラブルの原因になります。おばあちゃんが、熱心に口出しをすればするほど、こじれてどうにもならなくなった子育ての事例を、私は、かつての学校現場で見てきました。

さらに、専門家と連携を図って、良心的に、良かれと思ってサポートを行っても、見えない体に関することに手を差し伸べるということは大変なリスクを覚悟しなければなりません。お金を頂かない凄い試みであっても、特に世間で誰もが認めている方法でない新しい支援故に、必ず、お互いの信頼関係なしでは行えないのです。

ですから、冷たいように見えますが、父母以外の参加を許可しないのです。

このような場合、私は、せめてもの手段として、EM全般の活用について学べる【野本佳鈴のEM活用塾】のグループラインに、招待することをお勧めしております。

そのグループで、どんな事がつぶやかれているのか？

自分で、関心の持てる情報に出会えるかも知れない。関心が持てるということは、波長が合うということなのです。

波長の合う人の話なら、ドンドン受け入れられる。最初の登竜門として、波長合わせの確認のために、お勧めするのが、ラインへの招待です。

おばあちゃんは娘さんをラインに招待し、孫の体に善玉菌を増やして元気になってもらいたいと、毎日、せっせとりんごの発酵ジュースを作って飲ませておられました。


やっと、今年の3月、お母さんから、私の個人メールに連絡が入り、12歳になったお子さんの写真が送られて来ました。

その後、少しずつお子さんの様子が、お母さんとおばあちゃんから私のラインに入ってきました。

お母さんが二人羽織になって手を添え介護付きの筆談で、お子さんとのやり取りが何とか成立している折れ線型自閉症のお子さんの様子。

事業所の限られた先生と、少しだけ筆談が出来、発語は「いや」をたまにいう程度とのことでした。

ところが、学校がコロナの為に休みとなり、家庭ではお母さんとの学習の時間が増え、筆談でのやり取りが始まりました。

施術で、粒ゲルマニウムを子どもが受け入れられるのか確認されました。その写メが送られてきました。先生の氏名は※で示しましたが、漢字も文もそのままです。

『5月19日木曜日のお母さんの質問：バンソウコウをすぐにとってしまうのはなぜですか？

筆談：僕は血が出ても大丈夫だからバンソウコウは、貼らなくてもいいです。何かに巻かれるのは、嫌いだからとってしまいたくなります。今日は、バランスボールで遊んで楽しかったです。僕はバランスボールの上でぴょんぴょんはねていると頭の中が動いている感じがして気持ちいいです。

5月20日金曜日のお母さんの質問：いすの上に足を上げてすわるのはどうして？

中学生であるのにとてもかっこう悪いです。先生達は何度も声をかけています。

筆談：※※先生、僕はいすに座る時、どうしても足をくんだり、上げたくなったりしてしまいます。僕の家族は、そんな座り方をしていないのに僕だけやっています。どうしてやりたくなるのか僕にはわからないけれどやりたくなってしまいます。僕は、まっすぐ座りたい気持ちは、あるのだけど、やっぱりできないです。』

更に、近況がメールでしたためられてありました。
『多動、運動会で校長先生の話を聞く場面がありましたが、じっとしている事が出来ず、嬉しくて楽しくて、校庭を走りまわってしまいました。興奮すると、夜も眠れず、夜中の2時～3時に寝る事も多々あります。睡眠導入剤を飲ませてもあまり効かないです。薬は、眠れない時のみ飲ませています。』

素晴らしい筆談に驚きました。発語は「いや」しか言えないそうですが、漢字も文章もしっかり書けています。波動測定値でも確認出来るように視床下部①15　視床下部②17と、しっかり血流が行き届き、右半球は1と、非常に低い数値ですが、左半球は10と通常の範囲を示しているのですから、この様な能力を示しておられるのだろうと感じます。

ところが、腰椎神経1～5までのすべての部位の数値は非常に低い範囲の1～4で、この数値では、体を十分に支える事が出来ないのです。本人がどうしてやりたくなるのか分からないけど足をくんだり、上げたくなってしまうというのは骨格のアンバランスが原因です。

すると、お母さんから6月末に、びっくりするようなニュースが入ってきました。

お子さんは、汗がかけないので体温の調節が難しく、気温が上がると頭がもやっとしてしまうので、背中に保冷剤を背負って体温調節をされているそうです。その保冷剤を要らないと自分でリックを外されたとのことでした。お母さんは不思議に思い、その理由を筆談で求められました。そこに書かれていたのは、りんごの発酵ジュースでした。

『6月28日火曜日　昨日眠れなかった理由を教えてもらいました。

筆談：昨日は、僕が眠れなかった理由は、お父さんにオセロで勝ってうれしかったのと、野本先生の本に僕の事をのせてくれてるって聞いたので、うれしくて眠れなかったよ。僕、汗が本当に出てくるようになって、最近すごく暑いのに、僕は、前ほどパニックにならずに済んでいるから本当にうれしいんだよ。僕は、暑くなると本当につらくてつらくてどうしようにもなかったんだよね。だから、リンゴロウでそれが改善されてうれしいんだよ。誰にもわかってもらえなかったからつらくてつらくてしかたがなかったんだよね。』

おばあちゃんやお母さんがせっせと作って子どもに飲ませていたこのジュースは、3月頃から飲み始めたと言われますから、3か月間は体の中でしっかりと機能していたということになります。

お子さんが、これまで、暑くなると頭がもやっとして気持ち悪くなるので、身体を冷やす

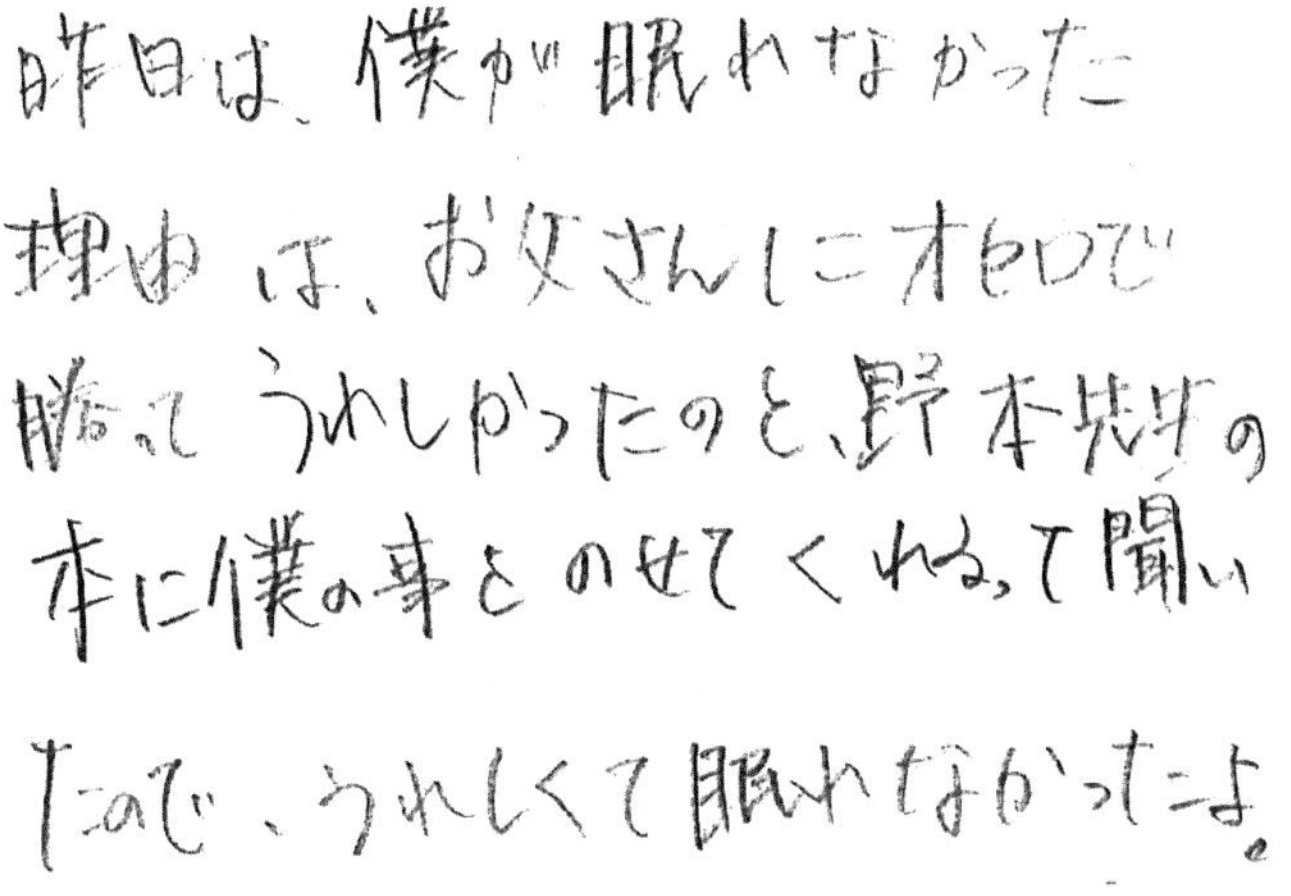
昨日は、僕が眠れなかった理由は、お父さんにオセロで勝ってうれしかったのと、野本先生の本に僕の事をのせてくれるって聞いたので、うれしくて眠れなかったよ。

図３　眠れなかった理由

ために背負っていた保冷剤を「もういらない」と、外した。

日頃飲んでいるりんごの発酵ジュースが、自分の体の中で助けてくれて、頭の中がもやっとしなくなったことを、このお子さんは直感したのだろうと思います。

私は、この感想を知って、これまで、皆さんがそれぞれに、自分で発酵させて飲んできたりんごの発酵ジュース【りんご朗スペシャル】が、細胞は３か月で新しく生まれ変わるという体の営みの中で、本来の元気な細胞に生まれ変わったことを教えてくれたと実感しています。

これまでの、なかなか改善しない体の不具合を、元の元気な体に戻してくれたと実感している大勢の方が、ほとんど、３か月であったことを考えて見ても、３か月で、内臓細胞は新しい細胞に入れ替わるというハタラキと一致している。

自分の自己責任で、手前味噌や漬け物をつくるように、発酵ジュースを作って飲む習慣さえできれば、薬に頼らないで、元気な健康生活が維持できる。

しかし、このりんごの発酵ジュースには、作り方や飲用の仕方について注意することがたくさんあるため、年に1~2度行う、私の特別講座でのみ、レシピをお伝えすることにしております。その開催情報を、【野本佳鈴のEM活用塾】で告知しておりました。

私はこの親子が、やっと、私達の【笑顔グループ】の会員になれたことを大変嬉しく思っております。

EMなんて！　そんなもので、子どもが良くなるはずはないと思っておられたお母さんたちに、息子さんが筆談で、自分の体が良くなった原因は、毎日飲んでいるりんごの発酵ジュース【りんご朗】だと、明言したことに後押しされています。

さらに、息子さんが筆談で、本の感想文を送ってくれました。そこには、ヘレンケラーのように、障害者に役に立つことが出来るようになりたい。自閉症の子どもが感じる感覚を分かってもらえる力になりたいと。

早く本が読める理由と、「ヘレン・ケラー」を読んでの感想

僕は本を読む時は、ななめに読んでるよ。そうするとだいたいの事は、理解出来るよ。いつの頃からこういうふうに読めるようになったよ。だいたいの漢字は読めるよ。「ヘレン・ケラー」は病気で目が見えなくて耳も聞こえなくなってしまった女の子なんだね。水から色々わかって、すごく努力して色んな事を覚えたんだね。僕は、話す事は出来なくなってしまったけれど、見る事、聞く事は出来るから色々覚えるのは、ヘレン・ケラーより大変ではないよね。僕もヘレン・ケラーみたいに障害者の役に立つ事が出来るようになりたいなあ。僕が感じた事を文字で表現すると、自閉症の子達が感じる感覚を色々な人にわかってもらえたりするかな？　僕も色々勉強して、もっと色々な事を覚えてみんなに伝えていくよ。がんばってみるね。

松山にも来られて、柳原先生の施術を受けられて、すばらしい才能が開花される日がきっと来ることを楽しみにしております。

☆髪の毛を触れさせない多重人格の女の子のケアを拒んだ父親は、妻がＥＭを使うことを嫌がっていた

夫婦共働きの公務員、子どもが大きくなるにつれ、急に訳の分からない激しいくずり方をすることに、育児の難しい子というイメージを持って保育に当たっていたお母さん。預かって頂く保育所でも、なかなか気難しくて手に負えない子どものイメージ。そのために、小学校に通い始める時付いた条件が、保護者の送り迎えでした。

送り迎えが必要という事は、母親にとっては公務員の職を失うということです。

このお母さんとは、１年前の３月ころから繋がっておりましたが、お母さんが、ＥＭを熱心に学んで生活に取り入れようとすると、お父さんは、反射的に全否定をされるために、コミュニケーションが成り立たなくて困っている様子をラインでつぶやいていました。

最初は、ご主人に否定される度に鬱っぽく落ち込んでおられたようですが、子どものために良いと確信している事を否定された時以外は聞き流している自分に気づき、否定しながらも沿ってくれるご主人の姿に、感謝の気持ちも芽生えていらっしゃいました。

私の夫と傾向がよく似ているので、私が、夫にＥＭの事はほとんど知らせず、知らないふりをして、せっせとＥＭの活用を展開していることをお伝えしましたところ、随分安心されたようです。

きっと、私と同じようにＥＭの詳しい事は知らせず、黙々とＥＭの活用を展開されたのだと思われます。

お母さんは、子どもが時に激しく、別人のように酷いことを言ったりぐずったりする態度に、この子は、どういう子どもなのか、どう接するのが良いのかと大変悩まれていました。

しかし、小学2年生になった昨年頃から、大人の顔色を伺いながらの娘の行動が気になり、無理をさせないように配慮されておられたのでした。

このお母さんは、熱心にズーム講習会や講演会の動画配信などにも参加され、有害電磁波防止やりんご発酵ジュースなどを生活に取り入れ、私のテレパシーワークにも参加されて、本当に家族やお子さんの健康を高めるありとあらゆることに積極的に実践を重ねておられました。

ご主人が勤続10年で1週間の休暇が頂けることになったので、松山でプチ移住体験を計画したいと伝えて来られました。

そこで、私の借りている事務所は、2階建て、1階には台所やトイレ、風呂もあり、2階は2部屋、エアコンも付いていることをお知らせしました。

ご主人には、【超快適空間体験ツワー】と称して、超快適空間になっている椅子やレストラン、私達がEMメンテを受けて樹木のEMペインティングをしている公園、お庭丸ごとEM結界のパーマ屋さん、1000坪ガーデンなどにご案内出来ることを提案させていただきました。

そして、釣りの大好きなご主人の為に海釣りが出来る釣り場のご案内もさせていただくことをお知らせしました。

今年の2月に来られる事が決定し、プチ移住体験が始まりました。お母さまからご主人には、詳しいことが説明されてなかったようで、柳原先生の所に到着されても、ご主人は車から降りてはいらっしゃいませんでした。

その雰囲気を素早くキャッチしたお子さんは、大変用心深く、写真を撮ることも難しく、まして、身体に触ることも粒ゲルマニウムを貼ることもできませんでした。

しかし、柳原先生は、即座に多重人格で、ネガティブの魂が、長い髪で顔の表情を隠していることを見抜かれました。

ダメージを受けた体に憑依しやすいネガティブな魂、これが子どもの育児を難しくしていることの説明を受けて、これまでの子どもの不可解な行動の原因を掴まれました。

子どもが豹変した後で、子どもの口から、「私が自分で言いたいわけではないのに、私の口が勝手に言ってしまう！」と言うことが、身体にとりついているネガティブな誰かの魂だったのかと。

宇宙には、浮遊霊がいっぱいいるそうです。交通事故で亡くなった方、自殺で亡くなった方、そういう霊がたくさんさまよっている。先生は、整体師なので、除霊は出来ませんが、身体を丈夫にしてパワーアップし、霊が自ら、出て行って貰う作業ならお手伝いできると説明されました。

筋肉のバランスが崩れて、血液の循環が悪くなると、身体の色々なところにダメージを受けやすくなり、魂のパワーまでも落ちてきます。そうするとネガティブな霊がつきやすくなり、長い髪の毛は、霊の温床になりやすいと伺いました。

そういえば幽霊の絵には、必ず長い髪が顔を隠すように書かれていいます。あの絵は、私たちに、そういうことを教えてくれているようにも感じます。このお子さんの髪の雰囲気が、同じ年頃の子どもの髪の雰囲気と異なって、しかも、年齢より厳しい大人の顔の表情に見えていたのは、そういう影響もあったのだと私も感じております。

お父様が納得されていませんでした。お父様の協力がないと、お子さんの体に触れることもできないので、無理だと判断しました。それで、測定用の写真は撮りましたが、施術というチャンスは逃がしました。

県外から折角松山まで来られても、このようなことが起きるのだと、私もことの成り行きを見守っておりました。


ところが、帰宅後、髪の毛をカットされた写真が届き、粒ゲルマシールの貼付も「父ちゃんがいいと言ったら安心してやる！」とお子さんが理解を示したとのことでした。

今年の8月に予約をされていますので、その結果を楽しみにしております。

このお子さんの頚椎神経が改善されて、脳への血液供給が良くなれば、劇的にいろいろな事が変わると思っています。

元気になられて、本来の活動が出来るようになれば、支援学級でなくても、自分で登校出来るようになる。そうすれば、お母さんだって、元々公務員としていろいろなノウハウをお持ちだったのですから、職場に復帰されるか、何か新しいことに挑戦されて、世のため人の為に活躍されるはずです。

松山でのこの出会いによって、これまで髪の毛のカットを拒み続けてきたお子さんへの納得のさせ方を工夫され、お父さんが、施術はＥＭによるものだと勘違いをされていることにも気づかれ、この誤解がお子さんの施術にも乗り気ではなかったことを突き止められたのです。

そこで、私はお母さんに、「しばらく、ご主人にＥＭを止めると宣言をなさったらいかがですか？　ＥＭは逃げません。ご主人に見えないように対応するのです。私の夫には、そうしています。シュッシュッチンも、いろいろな料理に、ＥＭを使うことも、絶対知らせておりません。何か、毒でも入れているのではないかと思われるだけＥＭさんには申し訳ないので、黙って使って、知らない顔をする。隠し味の使い方で、何故か、私の作る料理は美味しいと不思議に思ってもらうのは最高ですよ。」とお伝えしました。

このお子さんの事例から、発達障害の子どもたちが、特別な魂を感じやすかったり、見えたりしているというのは、自分の体がダメージを受けて憑依しやすい体になっていることを私たちも気づかなければならないと思うようになりました。

骨格・筋肉のバランスを整えて、脳にきれいな酸素を送り、魂のパワーを上げる。そういう体にしていなければ、体の不調を訴える子どもや若者の体に浮遊しているネガティブな魂が付きやすくなります。

また、スマホ依存によって頸椎神経の血流が悪くなり、脳には最低限度の酸素しか送られていません。

子どもたちや若者達の現象を、単なる子どもの特性や薬害が引き起こす自殺願望として見ている今のサポートの有り方では、子どもを自殺から守れないのではないかと思い始めております。

今の、子どもや若者たちはそういうリスクを背負って生きていることを改めて考えて見なければならないと実感をしています。

☆　測定は行ったものの、その後の施術になぜか動き出せなかったお母さんの事例

「健康波動測定によって子どもの体の状態を知ることができます。」とラインでつぶやいた時、すぐに返事をいただいて測定を依頼して来られたおかあさんです。

お子さんの写真からは、右肩が物凄く下がっていて、左足を前に出してバランスを取っておられるので、かなり、骨格のバランスが悪いと予想されました。測定の結果、頸椎神経の2番がマイナス2と、これまでに関わらせていただいたどのお子さんよりも、非常に低い数値となっておりました。

さらに、胸椎神経、腰椎神経、仙椎とことごとく、アンバランスが際立っていました。そして、測定数値判定の、低い～非常に低いの範囲内にある（２や４）を示す数値に影響を受けて、交感神経、副交感神経、視床下部、副腎皮質、大腸、小腸などにも心配な数値がみられました。

しかし、素直で明るく素晴らしいお子さんのようで、ストレスや誠実さ、こだわり、かたより、陰徳などの精神的な項目も、高いの範囲を示し、血流が改善されれば、将来の活躍が楽しみなお子さんだと感じました。

幼稚園の年長さんになったばかりの年齢なので、とりあえず、四つ這いで走り回ることによって骨格のバランスを整え、手足をしっかり動かすことによって大腸や小腸などの内臓の弱りも解決が出来ることをお伝えさせていただきました。

私の本「テレパシーごっこ」の依頼もいただき、とにかく、教育熱心で、感性も豊かなお母さんです。

ラインでは、時々、幼稚園での活躍ぶりがつぶやかれておりました。仏教系のこじんまりした幼稚園で、先生方の目の行き届く環境で、しっかりした支援を頂きながらの園生活が送れている様子でした。

ところが、小学校に入学して、言葉が遅いので、アレルギーから来ているのかと、アレルギー科を受診されたと連絡をいただきました。

お医者さんは、農薬で、言語が遅れる場合があると言われたようです。遅延型のアレルギー検査により、嘔吐や気を失うレベルのかなり大変なアレルギーと、学校の栄養士さんからも連絡があったそうです。

幼稚園から小学校へ送られるお子さんの指導要録への特別配慮事項の記述がなかったのか、通常学級に入学されました。入学当初から、支援員が必要な子どものようすに、急遽校長先生が支援に付くという感じで学校生活がスタートしました。

私から見れば、かなり、発達障害を心配される数値を見せていたケースですから、施術に来られるとか、何か行動を起こされるものだとばかり思っておりましたが、子育てや教育に熱心なのに、どうして動かれないのかと不思議に思っておりました。

身体を整えると、子どもも楽になり、アレルギーも解決できると感じております。

今回、学校の先生方が、特別に支援が必要と動き出されたのか、7月末に柳原先生の所に予約が入り施術を受けられるとのことでひと安心しております。

この様なお子さんは実は、大勢いらっしゃるような気がしております。どこかのタイミングで、知能検査などの公的な検査により、特別支援学級を薦められるまで、我が子に限って、そこまで配慮をしなくても大丈夫と、やり過ごしてしまうケースが多いようです。

小学校から、中学に進学して、やがて入学試験に直面したり、途中で不登校になったりして、初めて親が真剣に向き合い始めます。

本当は、もっと早い内に、子どものお困り感に気づいておれば、子ども自身が、らくに日常生活を過ごせたのにと思う子どもたちに出会います。

ご縁は宝物、意味があっていろいろな方に出逢っていることに気づくのも、その方の実力だと感じます。

第4章　発達年齢の限界を告知され、それでも希望を失わなかった自閉症児に希望の光が見えて

☆「10歳を過ぎると新しいことに期待できません。」と医師から宣告を受けていたかいちゃん

かいちゃんは、10歳の時点で発声はほとんどなく、発達診断を受けているクリニックでも、10歳を過ぎると新しいことができるようになることは難しいと言われてきました。

家でも走りまわって飛び出してしまうので、危なくて鍵をかけるとか、尿意をもよおしても伝えることができないので、いつも紙おむつが離せませんでした。

食事は、2年前からこれまで食べなかった野菜や食材を少しは食べるようになっていたそうですが、見たこともない物が近くに置いてあるだけで、気になり、嫌がってのけていたと言われます。

ところが、１年前に、ＥＭを取り入れた生活を始めたころから、食べたこともないものに手を伸ばすようになり、食の幅が大きく広がったと言われておられました。

☆　ラインのつぶやきでやって来られた柳原満紘氏との出会い

昨年7月の始め、整体グループに、「いっちゃんが明日、柳原先生の施術を受けられます。」とつぶやきました。

それを見たかいちゃんのお母さんは、自分の子どもと同じような自閉症のお子さんが、整体でどのように変化するのか、明日が待ちきれなくて、お父さんにそのことを伝えました。

しかし、お父さんは、目に見えないことを余り信じる方ではなかったので、「血流が良くなれば、自閉症の症状が変化するらしいよ」と押さえて伝えられたのです。

お父さんにしてみれば、これまでのお母さんは、良いと聞けば、すぐ実行したり購入したりするので、「お前は、素直に受け入れすぎて、その内騙されるぞ」と、いつも心配されておられたのです。

しかし、いっちゃんの施術を、自分の事のようにドキドキワクワクしながら、体が熱くなるほどの興奮さえ覚えていました。

いっちゃんの様子をラインで確認、その1週間後、8月の土日に施術を受けたいとの申し込みが入りました。

ちょうどそのころ、お母さんはEM活用を始められたばかりで、活性液やプリン石鹸を作って洗濯に水仕事に使い始めて、何とか、子どもの体に良い事はすべて取り入れてやってみたいと、一生懸命でした。

この時お子さんには、精神安定剤のリスパダール少量と、睡眠導入剤のロゼレムを毎晩飲ませておられました。

リスパールを飲ませず寝かしつけた夜は、興奮していつもより2時間も寝つきがわるかったので毎晩飲ませるしかなかったのです。

更に、色々な方の指導を受けて、ミネラルやオリーブオイルのレシチンなどを白米にかけて毎日食べさせておられました。

表3 かいちゃんの主な測定値

No	測定項目	施術前	2週間後
1	免疫	9	12
2	胸腺	5	8
3	交感神経	4	15
4	副交感神経	7	13
5	視床下部①	7	12
6	視床下部②	7	14
7	脳下垂体	4	13
8	甲状腺、副甲状腺	9	10
9	副腎皮質	4	9
10	頚椎神経3番	5	16
11	頚椎神経4番	-2	16
12	胸椎神経3番	8	13
13	胸椎神経8番	5	11
14	胸椎神経10番	7	15
15	胸椎神経11番	2	14
16	胸椎神経12番	9	13
17	腰椎神経1番	7	15
18	腰椎神経3番	3	16
19	腰椎神経4番	5	16
20	腰椎神経5番	2	18
21	仙椎	-2	17
22	第3脳室	6	13
23	第4脳室	6	14
24	左半球	3	16
25	右半球	14	21
26	前頭葉	7	17
27	頭頂葉	6	14
28	左側頭葉	3	17
29	右側頭葉	15	21
30	後頭葉	14	10
31	大脳皮質	11	17
32	中脳水道	10	18
33	終脳	11	18
34	菱脳	11	13
35	橋	10	16
36	扁桃核	13	18
37	海馬	13	18

急に、ご主人の休みが土曜日に取れたので、1日も早く予約を取って欲しいと、8月の始めに二人の息子さんの予約を入れました。お兄ちゃんは、自閉症、弟さんは吃音や言葉の発音がよくないということで、ＡＤＨＤの疑いあり、お医者さんから、特別支援級を勧められているとのことでした。

その二日後のラインでの投稿には、『今、グループラインの投稿を読んで、固まっています。すごい、すごすぎる。今まで、いろいろな商品が良いと、息子にも飲ませたり食べさせたりしてきました。新しいものを買うたびに、最近は、主人に少し冷めた目でみられていたような気がします。息子をこの先、学生のうちに施設に入れないといけないかも知れない状況なのですが、それをしなくてもよくなる。一緒に暮らせると、希望が湧いてきました。どうか、よろしくお願いいたします。』と。

そして、かいちゃんと弟さんの写真と状況も送られてきました。

その内、かいちゃんの測定値は、表3のようでした。

家族揃って先生の所に来られたかいちゃんは、部屋に入るなり目にしたオリズルランの葉っぱを手でむしって口に入れました。しばらく、部屋を歩き回りながら、また、次の鉢のオリズルランを掴んでは口に。

この様子は、まるで、ジャングルの中で、野生の動物が、木と木を渡り飛びながら手にしたエサを、得意げに口に入れているように私には見えました。

びっくりされたおかあさんは、かいちゃんにティッシュペーパーを一つまみ渡されたところ、やっと落ち着いて口の中に入れもぐもぐと。小さな子どもが、不安になると指を吸ったり、哺乳瓶の吸い口をくわえたりするような感覚に似ています。

歩きながら、動きながら、自分のいる場所が安全地帯なのかを確認してやっと、マットの上に横になったのです。

実は、マットの下には、セラミックが敷いてあり、超快適空間にしているので、分かる人には、心地よさを実感することができます。そのためか、少しの地場の違いをキャッチして、自分で横になり、先生の施術を受ける準備が出来たのです。

先生は、血流が滞って気が淀んでいる体に、直接体に触れることはされないで、波動の高い気を送り続けられました。

お母さんには、子どもに送っている気を感じることができるので、感動をしながらその様子を見ておられました。

先生は、それを察知して、少し離れたお母さんにも、気を送り感じていただく実験を試みられました。

お母さんは、大感動で、空にも昇る気持ちで、その気を受け取っておられました。そして、かいちゃんが先生の施術を十分受けられるように、見事なサポートぶりを見せておられました。

施術の途中、トイレに行きたいと意思表示を示したかいちゃんに、私がトイレの場所を案内するとさっと入り、トイレから出てくると、スーっと施術の部屋に向かい、マットの上に横になると、ス～ス～と眠り始めました。

その寝ている間に、2個の粒ゲルマニウムを貼られました。

その後、かいちゃんは、落ち着いて笑いながら、歌絵本を聴いたり、お部屋を歩いたり、上機嫌でした。

施術前と、2週間後に再チェックが行われた数値が、表3ですが、元々右半球も14、右側頭葉も15、後頭葉も14、その他の脳の部位も、通常から高い数値を示していました。

かいちゃんの場合は、頸椎神経4番がマイナス2と血流が悪く、仙骨もマイナス2と背骨の上から下までしっかり支えなければならない骨格がアンバランスとなり、それが、左半球や前頭葉、頭頂葉、左側頭葉などの機能を低下させていたのです。

しかも、性格的に素晴らしいものを持って生まれてきた子供です。それが、頸椎神経4番を補正すると、あっという間に、元の状態に戻ったのですから、全体の血流が良くなれば、脳の働きもよくなり、機能が回復するという希望が見えてきたのです。

お母さんは、ゲルマニウムの凄さを何とか最大限に活用したいと、追加２個の貼る場所を写真映像にて確認して、自宅でも、かいちゃんが寝てから首に貼り、首元を気にするとはがし、寝るとまた貼ってを繰り返されました。

更に、自宅のベッドもＥＭ結界を張り、身体の疲れが取れるので、ぐっすり休め、夜中や早朝に起きる事がなくなったと言われます。

その後、柳原先生の再チェックが行われ、上がった数値が保たれていることが確認されました。

そこで、粒ゲルマニウム10個を購入されて、続けて貼りながらよい状態を持続されました。かいちゃんはこれまで、排便の問題も抱えておりました。２～３日に１度の排便で、これまで便秘に良いと試されたものは、いろいろ試されたそうですが、飲み始めの何日かの効き目はあったものの、その後また便秘を繰り返していたそうですが、発酵食品を食べ始めてからは、ずっと毎日排便があり喜ばれておられます。

更に、比嘉先生の特別支援にお繋ぎして、具体的な助言を受けられるようになりました。

☆　出来た！　おまるに排泄　発語も見られる

２０２1年8月に柳原先生の施術を受けられた後は、落ち着いて建物内で過ごせるようになりました。

自宅で過ごす夏休みの間も、例年と違ってパニックは見られず、カギをしなくても落ち着いて過ごせました。

また、施術の後は、尿意を教えてくれるようになり、自分で洗面器に当てておしっこが出来るようになりました。

さらに最近では、夜中に親を起すこともなく、自分一人で出来、トイレに連れて行くと、トイレでもおしっこが出来るようになりました。

そして、全くなかった発声も、最近は、大きい声を出すことが多くなり、見たいテレビを指さしで教えるようになりました。

例えば最近では、テレビ録画の自分が見たい番組を指で示しながら、「うえ、うえ」という発語まで確認できています。これは、ボタンを押すと出て来るプログラムを見て、自分の見たいものを伝えているのです。

しかし、「成長発達サポート表」では、社会面や身体面に比べてまだまだ言語面との差が大きく、言葉での表現は難しい状況にあります。

周りのことはよく理解していて、運動能力もありますが、言葉で伝えることができないもどかしさや、イライラ感を感じることも多いと推測できます。

今後、社会面、身体面、知覚面で出来る項目が増えてくると、言葉への刺激が高まると期待できますので、自宅での遊びやお手伝いを通して、手足の感覚や体全体を使った遊びの時間を増やせるよう励んでおられます。

☆　毛髪検査によるミネラル等の比較

骨格や筋肉を整え、発酵食品やりんごの発酵ジュースを摂り、市販の心配な食べ物を電子レンジでシュッシュュッチンして食べる食生活が、必須ミネラルや、身体に残したくない有害金属、準有害金属などの含有量にどのような傾向を示しているのか、１回目は２０２１年９月30日、２回目は２０２２年３月24日の２回の実施結果で比較してみました。

かいちゃんの、１回目の測定時は、まだＥＭ初心者で、発酵食品も、りんごの発酵ジュースにも巡り合っておられませんでした。

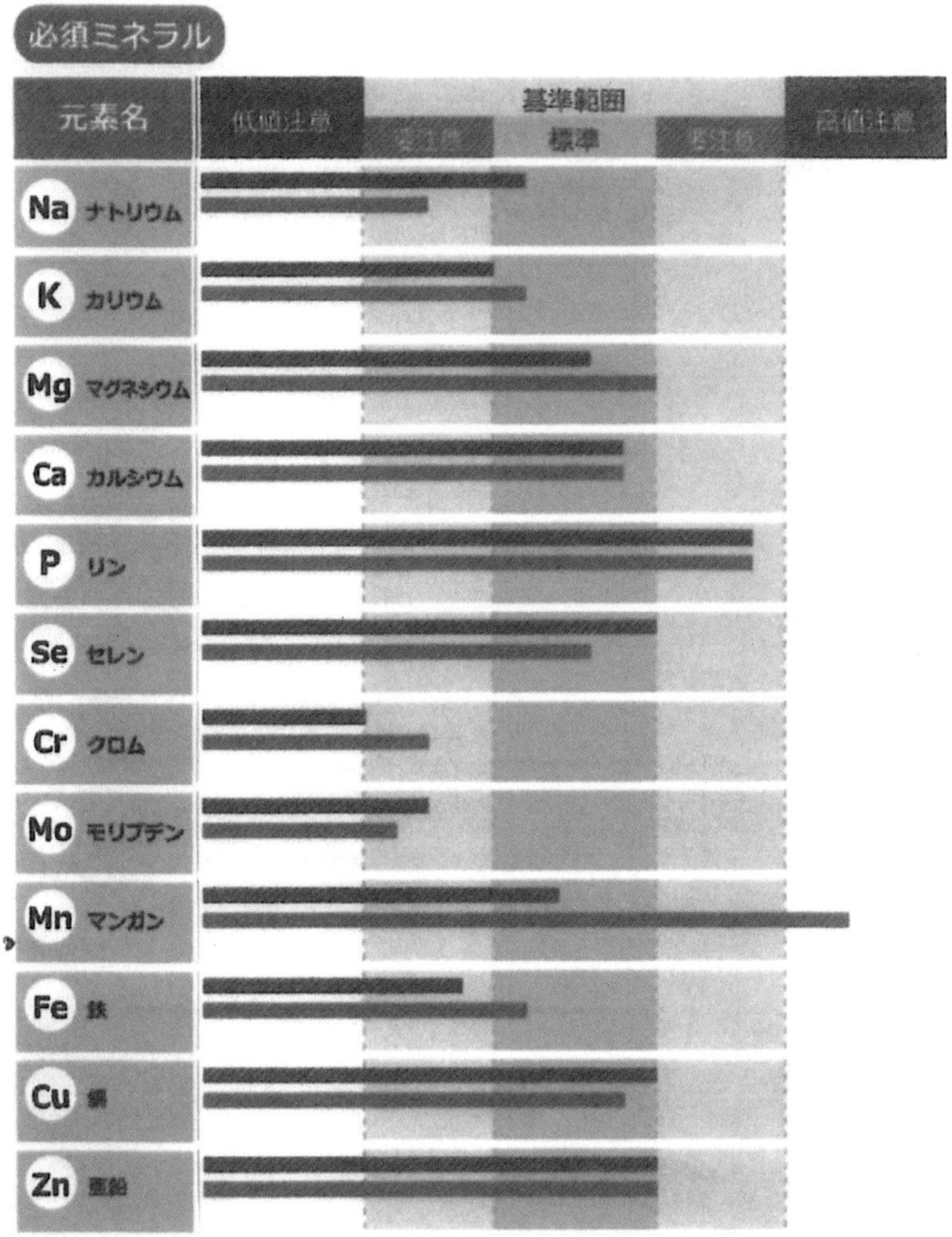

表４　必須ミネラル結果
上段 2022 年 3 月 24 日下段 2021 年 9 月 30 日実施
生体を構成する成分であり、人体に重要な役割を果たすミネラルです。

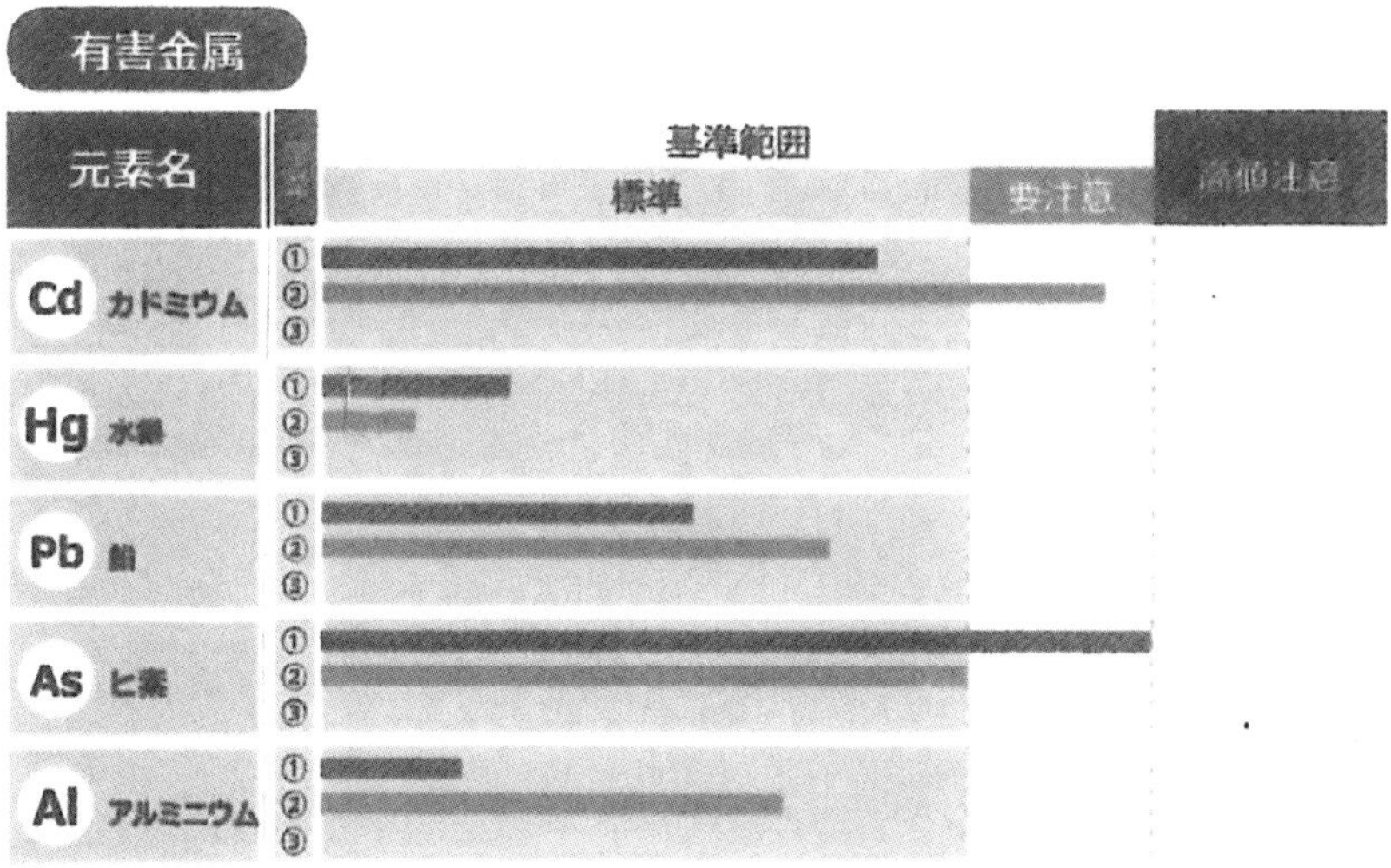

表５　有害金属結果
上段 2022 年 3 月 24 日下段 2021 年 9 月 30 日実施
健康被害が生じ、必須性がない金属です。

この結果からも、６か月の変化は素晴らしく、クロムの低値注意以外は、全て基準範囲内の含有量となり、食の改善が進んですることを裏付けられております。

さらに、カドミウム、鉛、アルミニウムの排泄が減っており、ナトリウム、カリウム、マグネシウム、カルシウムのバランスが改善していることから、ストレスも減っていると予測され、これらが、成長発達や精神面でのバランスによい影響を与えていると考えられます。

また、有害金属は、ヒ素が基準範囲内ではありますが、大変高いの「要注意」が示されました。日本では、海藻類や魚介類を食べる習慣があるため、諸外国に比べると、多くのヒ素を摂取しておりますが、通常の食生活での摂取は、問題ないとされています。乾燥ひじきにも、無機ヒ素含まれていますが、水戻しで5割、湯でこぼしで9割が軽減でき、7割以上の栄養成分が残ると言われています。ヒ素の影響を軽減するには、セレン（魚介類・卵黄・レバー）、ビタミンD（魚類全般・キクラゲやシイタケ・卵黄）やビタミンC（緑黄色野菜・果実類）などを摂取するように求められておりました。

これらの事が日常の行動変化としてはどうなのか、社会面や言語面、知覚面、身体面で確認したエジソン・アインシュタインスクールによる発達検査によっても望ましい傾向へと、変化を見せ始めております。

☆　一流保育士のようなお母さんにもつらい過去があった

私達の笑顔グループでは、家庭の問題が、深刻過ぎて他ではつぶやけない親子や夫婦との出来事を時々つぶやくことがあります。

私にも、数分遅れれば命を落としていたかも知れない家族の出来事があって、そんなことをつぶやいたときのことでした。

どんな苦労があろうとも、子どもは、親を選んで生まれて来る。そんな内容だったと覚えておりますが、そのつぶやきの中で、『先日、野本先生が投稿されてから、書いては消し、書いては消しを繰り返しながら、ためらっておりましたが、このグループの方々にはお話させてください。』と、生後3か月に満たない次男を亡くされた時のことがつぶやかれました。

〝自分がうたたねをしなければ〟と、絶望のドン底でおられたお母さん。そのお母さんにかけた保育士さんの言葉に、お母さんは救われたとつぶやかれておりました。「お母さん。お子さんは、お母さんの子どもとして生まれたことをきっと喜んでおられますよ。」と。かいちゃんのお母さんの優しい言葉がけと、手助けの絶妙なタイミング。一流の保育士さんに負けないお母さんの姿に、多くのことを学ばせていただいております。

☆　この人について行こうと決心された手ごたえ

これまで、我が子を何とかしたいと、どれだけたくさんのことを取り入れて頑張って来られた事でしょう。

良いというものを勧められるたびに、お父さんからは、「お前は素直に受け入れすぎる。その内騙されるぞ」と、言われながらも諦めなかったお母さん。

私達が出来る事は柳原先生と比嘉先生のお力を得て、具体的なサポートを開始すること。身体と食べ物と、ひとり一人の子どもの変化を数値で確認しながら、多動の原因になる食べ物や飲まなくてよい薬の種類などのアドバイスをさせていただくことです。

その中で、何の疑いもなく、食べている食品や飲料水に、数値の低い食品が入っていることがあります。摂り始めた当初は、効果が見られていたとしても、ある程度の補充が出来ると、それほどの効果が見られなくなり、むしろ、摂り続けることで、逆効果になってしまう場合もあるようです。

そこで、地球環境の悪化により、そのような食品が増えている現状をお伝えし、量子の世界の特別な効果のある、発酵食品と、電子レンジを活用した特別な方法もご紹介をさせていただいていました。

純粋な気持ちと本気度を伝えていけば、それを信じてついて来て下さる方はいらっしゃる。

そんな時、このおかあさんから、ＥＭを始めてまだ、３か月。思うような結果が出せなくて気持ちが落ちる時もありますが、私は、先生について行きます！　と熱いメッセージを頂きました。

そして、今では、「私には希望しか見えません」とつぶやいてくださるお母さんの手ごたえ、医師から告げられた10歳までの壁が打ち砕かれた希望の光です。

まもなく原稿完成が迫っていた時、お母さんから、うれしい連絡をいただきました。

かいちゃんは、小さいころから、テレビなどの画像と親しむことが多く、テレビがないと時間を持て余すこともあるのですが、「自分でテレビのリモコン操作を覚えたようで、朝起きると、見たい番組を選択して、テレビを見ておりました。本当に驚きです」と。

昨年、８月に施術を受けてから、まだ1年も経たないうちに、かいちゃんは驚きの進歩を見せています。お母さんの希望の光でもあり、同じような障害を持つ子どものお母さんたちの希望の光です。

最近では、車のドライブを楽しんだり、近くの公園でブランコに乗ったり、週末には家族で、川遊びを楽しんだりしてテレビづけにならない工夫をされておられますが、そのお陰か、学校でも、落ち着いて、過ごせるようになって来られたようです。

コメント

弟さんも、『吃音があり、言葉の発音が良くなくて、さ行が、ちゃ、ちぃ、ちゅ、ちぇ、ちょ、のような発音です。こだわりがあり、ミニカーを並べて、少しでもずれたら怒ります。保育所では、集団の中で先生の話を聞きづらく、話が分かっていないことがあります。絵や写真を使って説明する方が、理解が深いようです。』と、自閉症の疑いありと入学時に伝えられたそうですが、波動測定の結果ではそんな心配はいらないですよと言われていました。

小学校への入学は通常学級に入られ、6月に発達検査が行われました。幼稚園時に行った検査では、問題が出来ないために、イライラしたり途中席を立ったりしていたそうですが、今年は90分、ほぼ集中して取り組み、出来ない問題にも諦めないで頑張る姿が見られたそうです。それだけでも凄いのに、何と、IQはほとんどが平均の範囲以内に。検査にあたられた先生も驚きを隠せませんでした。

特に、かいちゃんの改善を目指して取り組んでおられた、発酵食品や身体に良いお水の作り方を実践、そして、電磁波防止をされた毛布を使用されていたとのことでした。

私がラインで伝えている「佳鈴のEM活用塾」や、定期的なEMズーム講習会で行う健康な暮らし方が、弟さんの変化に一躍かっていたとしたら、恐るべし微生物さんのパワーです。

第5章　動物本脳しか働かないＡＤＨＤの子どもの激変ぶりに確かな支援の可能性をつかむ

☆　息子に服用を強いられ追い詰められていたお母さん

広島県安芸郡海田町では、町民ボランティアグループが、海田町議会の様子を、ロビーに設置してあるモニターから録画して作られた、『開かれた議会を求めるグループ』という動画がＹｏｕＴｕｂｅに、配信されました。

それを文字起こしされたものが私に届きました。

その中で、玉川真里町議会議員が、多様性を尊重した教育体制について、次のような質問をされておられます。答弁の概要は次の通りです。

①　特性のある児童が、通級指導を受ける場合、医師の診断書は必須か？

（教育次長）意見書などがあれば、診断書は必須ではない。

②　学校で、服薬を勧めてはいけないが、服薬を勧めたことは？
（教育次長）ない。そのような受け取られ方をしないように、校長会で指導をし、周知させる。
③　巡回支援専門員などの配置や相談についてはどうか？
（福祉保健部長）令和4年度から専門家を配置予定で、児童の保護者でもネウボラで相談が可能。教育委員会とも連携する。
④　スクールカウンセラーによる対面の自殺予防教育は？
（教育次長）対面で行うよう校長会で周知徹底させる。

令和4年3月に公開されました本議会一般質問内容の資料が手に入りましたので、詳しく読み直してみますと、玉川議員が文部科学省の担当者に電話で確認された内容も書かれてありました。

平成17年12月8日の中央教育審議会で取り上げられた、障がいに関する医学的診断の確定にこだわらず常に教育的ニーズを把握しそれに対応した指導等を行う必要があるということについて、本庁で行っていることの整合性がとれていないのではないかということを指摘されての質問です。

それに対して、通級による指導を開始するには、医療機関の診断書等の提出が必要となる。通級による指導開始の判断にするとともに、専門的な助言をもとにひとり一人の児童生徒にあった合理的配慮を行うため診断書等の提出が必要と述べられています。

さらに、医療機関への受診に対して、保護者や児童生徒が不安や拒否感を示した場合、その必要性を理解していただけるよう根気強く、学校から説明をさせていただいており、通級の指導の開始または、終了についても、教育支援委員会での審議の対象となり、医療関係者、行政担当者、学校教職員を委員として設置している定例会を年に2回開催しているので、中央教育審議会で取り上げられた医学的診断の確定にこだわらず……と、いう訳にはいかないという行政側の立場が説明されております。

つまり、通級指導教室を行うためには、教職員の配置を県に依頼する必要があり、あいまいな判断で学級に入れた場合、監査では、きちんとした根拠に基づいた学級編成が行われていないことが指摘される可能性があることを心配されての答弁がなされています。

玉川議員は、文部科学省の初等中等教育局の特別支援教育課の方にも電話で確認され、「診断書が必要である、必須であるというところは過大解釈であって、今進めているインクルーシブ教育に対して相反するものである。一番大切なのは、本人と保護者のニーズであって、医療、福祉の視点等を総合的に検討して、なるべく薬等は、使わずにやっていくということを国は進めいている」と、報告をされております。

ところが、ゆうくんは、多動がひどく、教室で静かに学習を続けられる見込みが低く、明らかに、特別な個別の支援がなければ学級経営も難しいとの先生方の判断で、薬の服用を熱心に勧められておりました。

確かに、薬を飲ませれば、教室で走り回ったり、跳びはねたりする活動が抑えられるので、先生や、お友達にとっては都合が良いのかも知れませんが、薬の副作用や怖さを学習されていたお母さんは、一見、扱い易い子に見える子どもたちの、身体からあふれる子どもらしい元気がみなぎる状態ではないことに疑問を持たれて、薬によって体が壊れつつあるのではないかという不安が拭い去れず、かたくなに薬の服用を拒んでおられました。

ですから、毎日、他の子どもの登校時刻より遅らせて、お母さんと一緒に学校へ行き、30分程度の活動を行って帰宅するという生活を送っておりました。

一方、発達障害児を減らすために、食の大切さを前面に打ち出して、全国の保育園でオーガニック給食を推進したいと、活動を始めておられるお母さんたちのラインで、私の売れ残っている「テレパシーごっこ」の本を読んでくださる方には、無料で差し上げますとつぶやいたのです。

このお母さんとの繋がりのきっかけは、この本のプレゼントでした。

☆「私も受けてみたい！」とお母さんからリクエストされたズームテレパシーワーク

本を読まれたお母さんたちからは、ラインに、『学校現場で、現職の先生が、いじめや不登校の子どもたちに、本のような具体的な支援が行われていたのは驚きだ！』との反響が返ってきました。

子どもの心を拓く手段に、私が用いていたのは、「風景構成法」や色紙を用いての「家族地図」の作成。

すると、何人かのお母さん達から、『私も受けてみたい！』と、返信をいただきました。

ズーム講習会の得意な方が、『お手伝いします。ズームでカウンセリング行いませんか？』とのお誘いまでいただき、スタートさせることができました。

ゆうくんのお母さんからは、ワーク終了後、風景構成法の絵と色紙を配置して作られたお友達との人間関係をイメージした仲間地図が送られてきました。

その郵送の準備をしている時、ゆうくんも何か送りたいと機関車の絵を描いてくれ、すっかり元気になったゆうくんの絵には、ありがとうの文字と自分の名前が丁寧に漢字で書けています。

お母さんの風景画からは、『沢山の課題や問題に、親しいお友達と臆することなく頑張っておられる雰囲気』が伝わってきました。

しかし、『なかなか日常では受け入れてもらえず、社会の流れから距離を置きたい。いや、距離を置いていなければ自分がつぶれてしまうという危機感』までも伝わってきます。

そして、『このお母さんを支えておられたのが、ご主人。お父さんが理解してくれるから、私は、劣等感もあり、どちらに決断を下すか迷うことはあっても、希望を持って我が子のために頑張れる。』というメッセージが届いたのです。

色紙で表現した自分の周りのお友達との関係地図からも、自分が真ん中で、活躍出来ている雰囲気が、そして、発達障害の子どもたちを助けるために、全国でオーガニック給食を展開している仲間や、お隣の奥さんや、折り紙を教えていただいた恩師などが良好な関係で登場しておりました。

☆　柳原満紘氏のもとにやって来たゆうくんの行動の凄まじさ

これまでに診ていただいた発達障害の子どもには、共通した頚椎神経の血流の悪さが見られることを直感して、私は、ラインで『整体グループ』をつくりました。

整体によって発達障害の子どもたちが救えるならば、どんなに素晴らしいことか、現在は柳原先生にしか施術をお願いできないこの環境を、何とか、全国の整体師に呼びかけて、発達障害を持つ子どもたちに手を差し伸べて貰いたいとの思いをもっておりました。

きっと整体師の皆さんに出番が来る。それまでに、施術によって子どもたちが変化する様子を伝え、熱い思いをもって施術に参加して下さる人を増やしておけば、一気に救われる子どもたちも増える。

そのためには、柳原先生より、直接、技術指導が受けられる環境を作らねばと思っておりました。

６月16日に施術を受けられた前と後の登校時の歩き方がまるで違っていることに気がついたお母さんは、思わずスマホで動画を、ライングループに送信されました。ラインメンバーは釘付けになりました。

YouTube　動画　QRコード

施術前　　**施術後**

私も、感動して、このスクープ動画をシェアしました。この目で確認できたびっくり効果に大勢のお母さんたちが動き出しました。

ＡＤＨＤの改善は、薬を使わなくても可能であるということを実証して見せた〝ゆうくんの記念日〟である２０２１年６月16日を振り返ってみたいと思います。

その日の朝は、広島から、船で来られましたので、港に近い柳原先生のところを直接訪ねられました。

予約時刻より早く到着したゆうくんは、まず、お金の計算機に目が留まって、キーボードを激しくたたきました。

次は、先生のテーブルの上に置いてある、測定用のパソコンのキーボードが目に留まり、これも同じように。

ご夫妻が、その動作を止めることもできない速さで、バタバタバタバタバタと、キーボードをたたく、多動の洗礼を受けられました。

ドンドンうれしくなったのか、卓球台の横に置いてあった大量のピンポン玉も全部床の上にバラ撒いています。

その頃、私が、先生のお宅に到着しました。

お母さんは、すでに、測定結果の説明を聴いておられます。私は、ゆうくんの相手をしながら、施術までの時間稼ぎをしておりました。

「小さい時に、頭を強く打ったということはありませんでしたか？　今のお子さんの脳の状態は、地球人としての大切な理性がハタライテおりません。動物本能だけで活動しているような状態ですが、素晴らしい人間性を備えて生まれて来られたお子さんです。子どもは、お母さんを選んで生まれてきます。深いつながりを持っていらっしゃいますよ。」と。

そこで、前世療法の越智啓子先生のお話を始められました。

お母さんにして見れば、柳原先生から聞くお話は、これまで、一度も聞いたことのないお話ばかりです。今、分からなくても、一言も聞き漏らすまいと必死にメモを取られました。

いよいよ、施術が始まりますが、超快適空間のマットになかなか横になってはくれません。

そこで、私は、ゆうくんに、柳原先生が披露された「スプーン曲げ」が、ゆうくんにも出来るようになるパワーを、体に入れようと施術に誘ってみました。

「スプーン曲げ」が出来るようになるのならと、やっとその気になって、マットに横たわりました。

体に触ろうとすると、「こちょばい」と、嫌がって逃げ出そうとします。そこで、先生は、直接触れる事を諦めて、空間から気を入れ換え始めました。

しばらくすると、だんだん落ち着いて、触れさせてくれました。すると、今度は、「こちょばい」ではなく、「痛い」と言い始めたのです。

ほとんど力をくわえておられませんが、「痛い」と。

痺れていた感覚から、痛みを感じ始めた瞬間の反応でした。

これが、発達障害の子どもに起きている共通な反応だと、私は、独特な反応の示し方に、感動を覚えておりました。

粒ゲルマニウムを貼って、施術が終わってから40分後にもう一度測定を行います。

それは、血液が体中を一回りする時間のようです。

その時間を使って、ゆうくんに呼吸法を教えてスプーン曲げに挑戦させました。

表6　40分後の測定値の変化

No	測定項目	施術前	施術後
1	視床下部①	1	19
2	視床下部②	1	20
3	頚椎神経1①	1	18
4	頚椎神経2	2	18
5	頚椎神経3①	2	14
6	頚椎神経4	3	16
7	頚椎神経5-8	4	16
8	胸椎神経1～12	1～12	12～18
9	胸椎神経1～5	3～11	15～18
10	仙椎	2	14
11	前頭葉	4	16
12	頭頂葉	3	15
13	左側頭葉	11	15
14	右側頭葉	13	18
15	後頭葉	10	19
16	大脳皮質	12	17
17	中脳	10	12
18	中脳水道	12	15
19	終脳	9	18
20	菱脳	11	19
21	橋	8	18

「出来た！」自分で出来たことに大喜びです。曲げたスプーンは、ゆうくんの宝物になりました。

もう一つ、身体の良い状態を保つための「かかと落とし」を教えておく必要がありました。そこで、「かかと落とし」は、スプーン曲げのパワーを体に入れる「魔法の体操」だと伝えておきました。素晴らしい施術前と施術後の変化です。感動しました。ちょうど、お昼になりましたので、近くの食堂に案内しました。

☆ うどんを1本ずつ味わって食べる姿に涙がこぼれているお母さん

近くの食堂は、トレイに自分の好みのおかずやご飯を選んで食べられるシステムの食堂です。ゆうくんに「好きなメニューを、好きなだけトレイに乗せていいんだよ」と伝えて、食事の好みの傾向を見ていました。

うどんや、唐揚げやサラダなど、4皿をトレイの上に乗せました。私と、お母さんは、ゆうくんと対面するように同じテーブルに座って食べ始めました。

ゆうくんは、うどん鉢のうどんを1本ずつお箸ですくいながら、美味しそうにすすって食べ始めました。

表７　測定値判定基準

＋21	～	＋18	非常に高い
＋18	～	＋15	高い
＋14	～	＋10	通常
＋9	～	＋5	低い
＋4	～	−21	非常に低い

それを見ていたお母さんの目が、やがてうるうると、涙ぐんでおられます。「おやっ」と、思っていると、お母さんが、トレイに乗っている食事の量は、日頃の半分位であることや、うどんを1本1本お箸ですくって、美味しそうに味わって食べる姿をこれまでに一度も見たことがないと話されました。

これまで、どんなに食事のマナーを注意しても届かなかった我が子が、今、目の前で落ち着いて、味わって、満足そうに食べている姿に感動されておられたのでした。

やがて、ゆうくんは、日頃の半分の分量であるにも関わらず、お腹がいっぱいになったので、「残してもいい？」とバツの悪そうに尋ねました。

「大丈夫だよ。食べられるだけで大丈夫。じゃ先生に、唐揚げ1個貰っていい？」と、尋ねると、「いいよ」と、笑顔が返ってきて、楽しい食事が続きました。

満腹中枢がハタラキ始めたのか、少量でも、お腹いっぱいになったと箸をおく。

この変化にも、感動でした。

帰りの船までには、３時間ばかり余裕があります。ゆうくんをＥＭ栽培の畑の見学に連れて行くのもどうかと思って、尋ねてみました。

すると、「微生物さんのパワーを引き出すのはあなた」のＰ35（サビ落とし実験から蒸気機関車の修復へ）の蒸気機関車の情報を頭に入れて来てくれていたのです。

☆　蒸気機関車を見にドライブに行こう！　ここで見せたゆうくんの変化

高速を使えば、３時間で、蒸気機関車を見て船で帰れる。途中のパーキングエリアで、お父さんにお土産を買って、出発しました。

車の、後部座席に座っているゆうくんは、気持ちよさそうに、ゆったりとした様子で、私達の話を聞いています。

時々、振り返って様子を見ましたが、眠っている様子はなく、ゆったりとした感じで、ドライブを楽しんでいるのです。

お母さんは、この雰囲気にも驚いておられました。

大好きな蒸気機関車を目の当たりにして、機関車に乗り込みたい気持ちが高まったようで、鉄の梯子を登ろうとしました。

しかし、「ここに立ち入らないで下さい」の看板がありました。

どうしても乗り込みたいゆうくんは、看板の意味を理解して、諦めることが出来るのか？

この後、どのような行動を起こすのか、私も、ドキドキしながら、声をかけました。

「ゆうくん、この機関車ね、随分古いでしょう。だから、みんなが乗りたいといって勝手に乗っていたら、鉄が剥がれて壊れてしまうんじゃない？　だから、壊れないように、乗らないで下さいと書いてあるんだね」と。

ゆうくんは、乗りたい気持ちを抑えて、近くで蒸気機関車との写真を撮ってもらって満足してくれました。

もし、施術前なら、どんな行動を起こしていただろうかと振り返りながら、こんなゆうくんをこれからも、ＡＤＨＤの子どもと、言い続けるのだろうか？　不思議な気持ちでいっぱいになりました。

☆　数日後、送って来られた歩く姿の比較動画に激変が

広島に帰られて数日後のことでした。

お母さんは、毎日のように、ゆうくんと一緒に学校へ、ゆうくんの後ろから歩いて行かれます。

「あれっ?」歩く姿が違う。お母さんは、スマホで、その様子を撮って比較されました。QRコードで確認できますが、施術前は、身体を左右に大きく揺らしながら歩いています。ところが、施術後の動画は、さっそうと前にしっかり足を出して歩いているのです。骨格を整えると、歩き方がこのように変化する。驚きました。

今では、背中にランドセル、片手にナイロンのゴミ袋を、もう一方の手には、路上のごみを拾う火ばさみを持って登校しているゆうくんの姿が伺えます。「すごい!」人のために、行動を起こすゆうくんの姿が伺えます。「すごい!」

そして、学校での活動にも変化が起きていました。上級生が運動場で、段ボールなどを使って鉄棒の付近で、楽しそうな活動をしていました。

日頃は、30分~1時間半くらい、支援室で過ごした後、帰りに雲梯や逆上がりの練習をしていますが、この日は、図工で活動していた上級生が声をかけてくれました。

そこでは、何の抵抗もなく対話を交わし、一緒にグループ活動が出来ているではありませんか?余りにも、自然な子どもたちの活動の様子に、お母さんも驚かれて、写真を送って来られました。

☆　発達検査　毛髪検査　ボイススキャンでも確認できた確かな変化

木林京子先生の協力を得て、定期的に発達検査や、毛髪検査、ボイススキャンを受けて変化を確認しました。

発達検査では、表８のように、柳原先生の施術前と後を比べてみると、歩行の様子に変化が見られたように、身体面での著しい変化がすぐに現れ、その後も、生活の中にＥＭを取り入れた生活を行っていることから、４か月で○の数が８項目も増え、順調な増加が見られました。

それに伴って、言語面や知覚面での伸びも見られています。

その一方で、社会面の○の数の増加が２つと、言語面の変化に比べて、変化が見られませんでした。

そこで、木林先生は、お母さんとの対話によってその原因を確認されました。

①　ゆうくんが、幼稚園や小学校での集団生活の中で、お友達や先生とトラブルをおこし、お母さん自身が大変な思いを経験された。

②　今まで出来なかった時の記憶が、お母さんの中に強く残っていて、実際は、出来ていても、そのことになかなか気づきにくい。

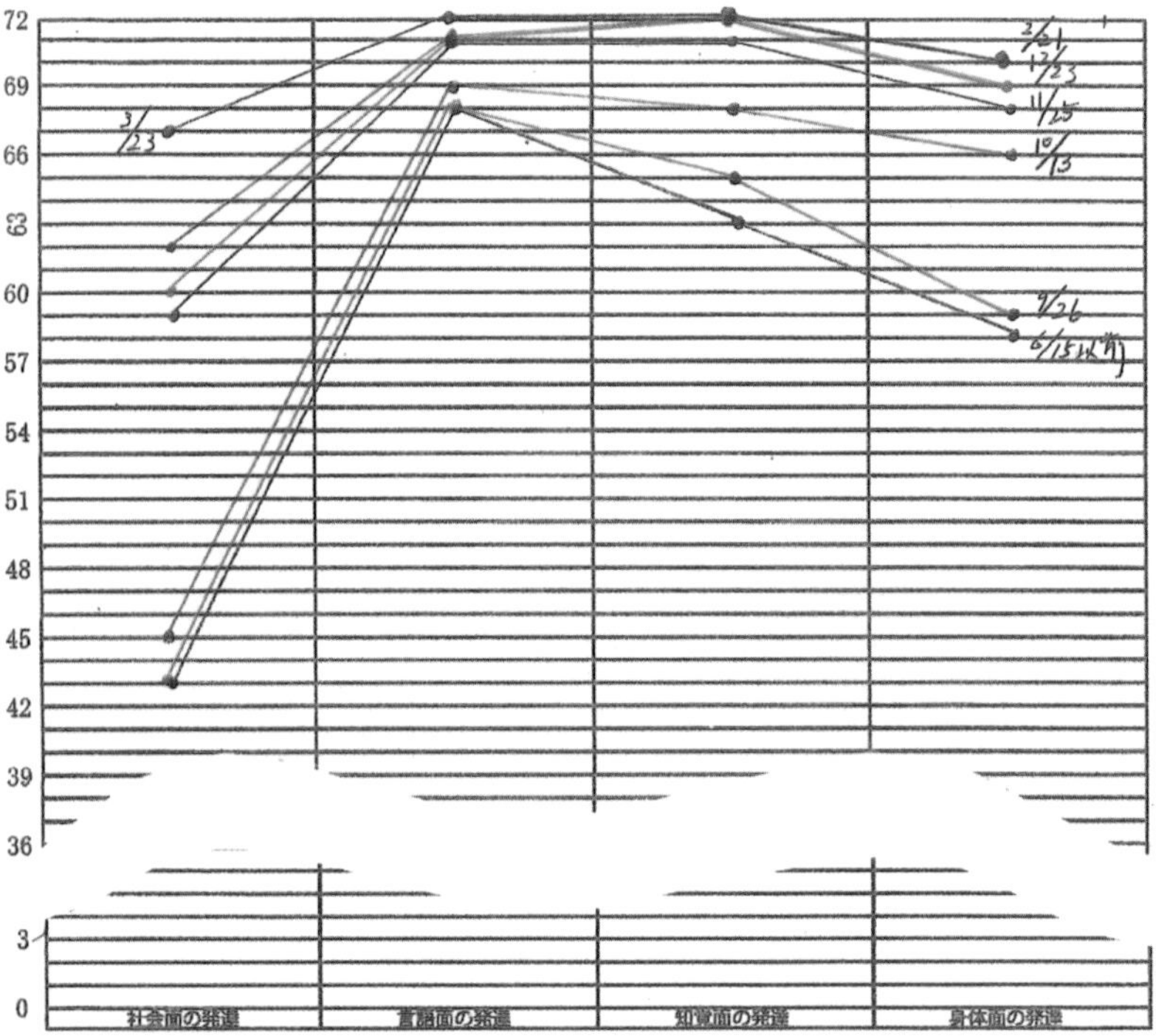

表8　発達検査出来た0の数のグラフ

③　子ども自身が、「怒られそうになると、大人の注意をそらすような行動をする」「友達とケンカをしたことを言いつけにくる」「兄弟や他の子と自分を比べて嫉妬する」

①から③のようなことが要因となって、お母さん自身が、なかなか成長としてとらえられず、変化が、成長ではなく困った事として、認識してしまっていたかも知れないと気づかれました。

子どもが成長する過程で、例えば反抗期は、大切な発達の姿であるにも関わらず、大人にとっては、一見困りごとのように映ってしまうため、その行動が叱られたりやめさせられたりするのは良く見られる事です。

そこで、木林先生は、お母さんへの助言として、成長にとって欠かせない行動や、成長の証として見つめ直す事の大切さをお伝えされ、ケガや命に関わるような状況でなければ可能な範囲で見守ることの大切さを伝えられました。

その結果、５か月目に、〇の数が、一気に15個増えました。

この15個の中には、１か月間に、新たに出来るようになったことも、たくさん含まれると考えられますが、身体の調整や栄養状態が良くなったことで、以前から変化が起きていたにも関わらず、お母さんや周りの大人が成長と受け取れないまま、困った症状として受け止めていたものが含まれていると考えられます。

お母さんに、「成長発達サポート表」をつけていただき、木林先生から、その解釈や助言をいただくことによって、それまで気づきにくかった「社会面」の成長の変化が、お母さんにも認識されやすくなったことが伺えます。

その後も、ゆうくんは社会面を含め、著しい成長が見られ、日常生活や学校での衝動的な行動が以前に比べて少なくなり、ずいぶん落ち着いて、予期しない行動が減り、友達とも、ゆずりあって遊べるようになってきたようです。

毛髪ミネラル検査では、表9と10のように必須ミネラルや有害金属の傾向から、半年間に、マグネシウムとカルシウムの排泄が標準の範囲に増え、ナトリウムとカリウムのバランスも好転していることが伺えますが、しかし、アルミニウムの排泄は低下の傾向をみせていました。

使用調理用品などにも目を向ける必要がありそうです。

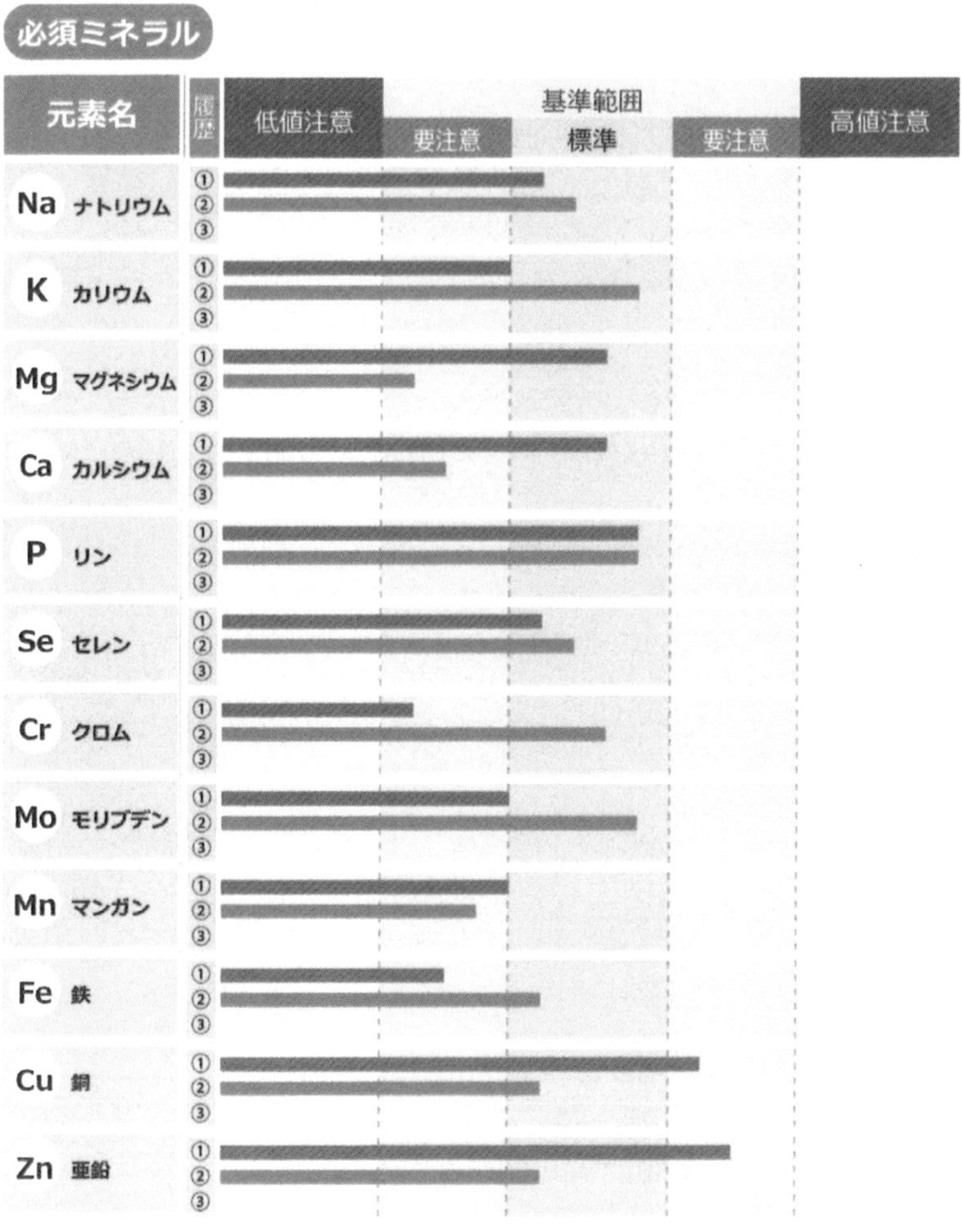

表９　必須ミネラル結果

上段 2021 年 9 月 30 日 / 下段 2022 年 3 月 29 日実施

生体を構成する成分であり、人体に重要な役割を果たすミネラルです。

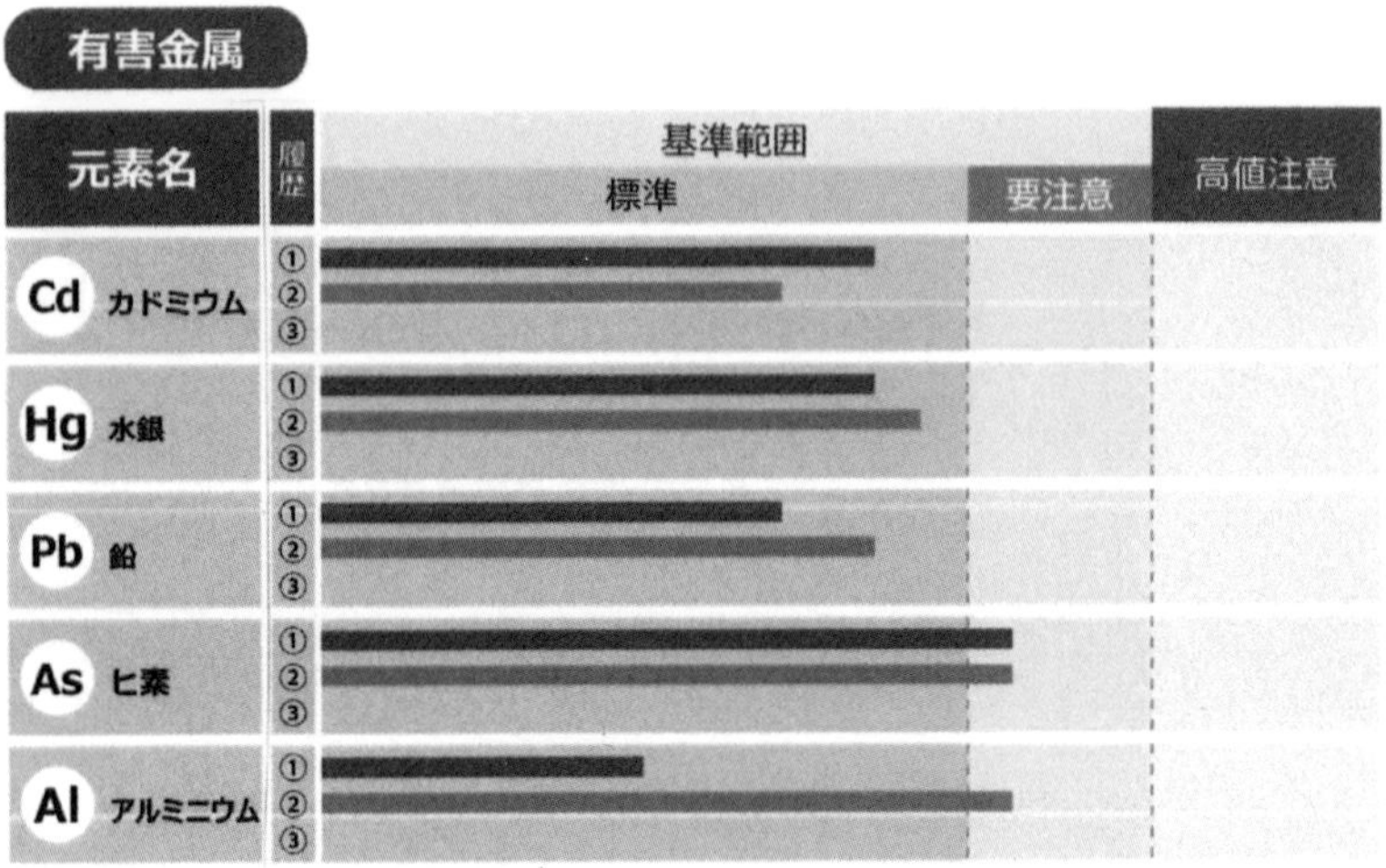

表10 有害金属結果
上段2021年9月30日／下段2022年3月29日実施
健康被害が生じ、必須性がない金属です。

ボイススキャンは、人の体のどの部分のエネルギーと調和しているかを声から分析して、心のあり様やバランスの状態を視覚的にとらえる事ができます。

行なう方も簡単で、自分の名前を3回繰り返して発声すればよいのです。特に、発語が困難とされている自閉症のお子さんでも、浴室のような声の響きやすい場所で、「あ〜」などと6秒くらい発声した声をスマホで録音すれば測定が可能です。

三重の円に示された色や突起の様子から、顕在意識、前意識、潜在意識などが表現されて、行動や運動や遊び、社会性やコミュニケーション能力、対人関係、さらに、自分のやりたいことが自己矛盾なく調和が出来ているかなど、多様な側面が色で表現されます。

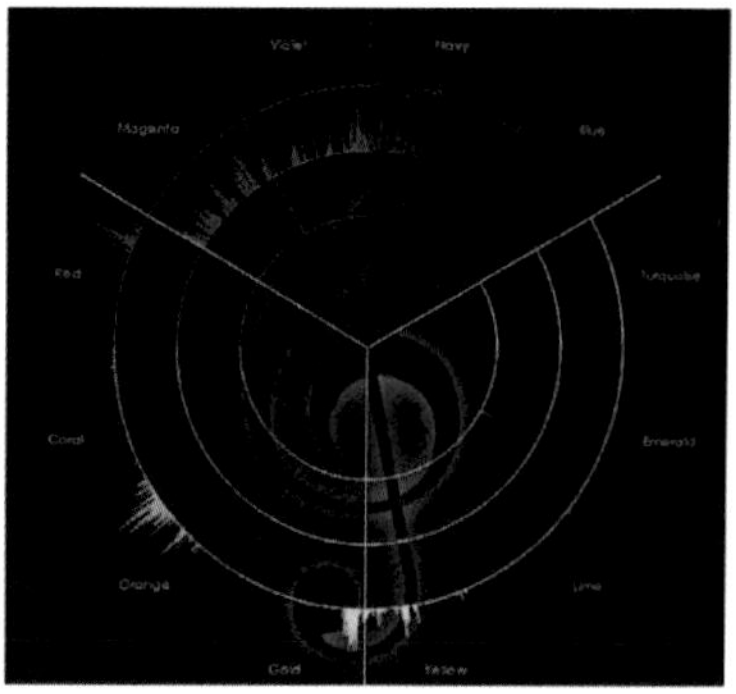

2021年11月19日

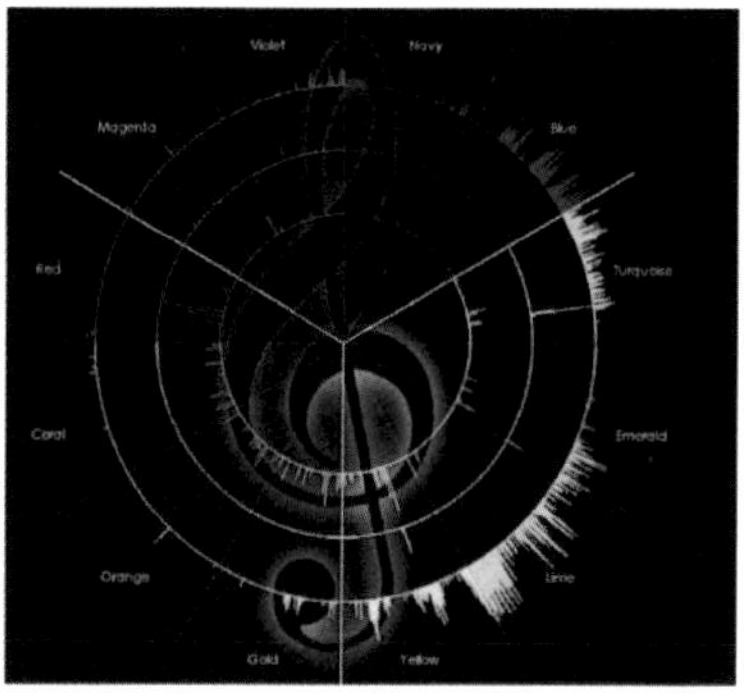

2022年3月18日

上の写真は、ゆうくんの２０２１年11月19日実施と２０２２年３月18日に実施されたものですが、わずか４か月で、明らかな変化が見てとれます。

２０２１年11月と２０２２年の３月の写真の比較では、豊富な色の出現と、明確な突起の状態から内面や行動の変化を直感することができます。

木林京子医師のコメントからは、２０１１年の11月の写真には、身体は固くて、周りからも感情が分かりにくく、自分が楽しめることで行動しているように受け取れるかもしれませんが、内面では、本質的なことをいろいろな角度から見たり、物事を客観的に見たりする力を感じることができるので、みんなの為に役立つようになれば喜びにつながりそうです。

２０２２年３月は、可視光線の７色に５色をくわえた12

色のリンク状に、突起の模様が豊かに映し出され、4か月前の画像と比較しても、身体の奥の方からエネルギーが響きやすくなって、奥からの感情も感じやすくなり、周りの人のことも良く見ていて、コミュニケーションを楽しむエネルギーが見られるようになっています。

この事は、学校での図工の時間や友達とおもちゃで遊んでいる時に、トラブルなくゆずりあって遊んだり、そのおもちゃを自分から進んで片付けたりする行動として確認されており、ボーイスカウトの活動においても、友達とトラブルをおこさないいい活動が確認されております。

学校では、本人に納得できない学校で決められているルールに従えないときには、平行線になってしまうこともあるようですが、友達と遊ぶ時の遊びのルールをしっかり理解し、自分なりに合理的な遊び方を工夫して遊ぼうとしていることが、お母さんにもしっかり確認出来るようになっております。

最近では、ゆうくんから、学校で長い時間を過ごしたいとの希望も出ているようですが、元々言語能力が高く、好奇心旺盛なエネルギーが活発になると、自分がしたい勉強と、学校で行う内容が異なることも多く、授業では、内容が決まっているので、息苦しく感じてしまうことも多いようです。

木林京子医師のコメントを手掛かりに、ゆうくんの変化と学校の持つ特色を考慮して、お母さんのゆうくんへのサポートが始まりました。

☆　図書館の本を全部読むと目標を立てて始めた記録

２０２２年1月に、お母さんから、ゆうくんが近くの図書館の本を全部読んでみたいと目標を立てたことの連絡が入りました。

そこで、私は、読んだ本の名前と、読み始めと読み終わりの日の記録、そして、ゆうくんに簡単に内容や感想を「お母さんにも教えてよ」という感じで聴き出して記録することをお勧めしました。

その記録を見て驚きました。年齢は9歳ですから、ジャンルは漫画や絵本が大半を占めますが、宇宙開拓史や宇宙戦争、地底探検、エクステリアの秘密、モーターやきれいな空気の秘密、たすけあいの秘密、クレジットカードの秘密、コンピューター、インターネット広告、保険、お肉、耳と補聴器の秘密、パスタの秘密、牛乳、こうや豆腐、アイスクリーム、銅、ミシン、レジの秘密など、生活で目にするものの仕組みや疑問についての解明に関心が広がっています。

さらに、日本の国や世界を支えてきた人物や歴史にも関心は広がり、マリーアントワネット、黒田官兵衛、徳川家光、桶狭間の合戦、大阪冬の陣夏の陣、徳川慶喜、関ヶ原の合戦、徳川家康と読み進めていました。

そして、ＡＩ人工知能の基本、ＥＡＲＴＨおじさん46億歳、買い物は投票なんだ、ぼくのニセモノをつくるには、つまんないつまんない、このあとどうしちゃおう、みえるとかみえないとか、ころべばいいのに、南海大冒険、ねじ巻き都市冒険記、銀河超特急、大魔境、トコトンやさしい燃焼学の本など、これは、1月から3月末までの記録ですが、どれも、１０0ページを超える本を毎月15冊から20冊読んでいるのです。

このような豊かな世界が、ゆうくんの頭の中を駆け巡っているのですから、学校の先生たちが、学校のカリキュラムに沿って進めている授業内容を、先生や友達のペースに合わせて教室で学び、過ごすことに馴染めないのはうなずけます。

国は、特別支援教育において、インクルーシブ教育を充実させ、ひとり一人の多様性の尊重と、自由な社会に効果的に参加できるような教育システムを充実させようとしておりますが、地方行政では、教育や福祉といったそれぞれの部署の法律に基づいて具体的な方法が取り決められるために、広島県の海田町議会の質問答弁でも分かるように、国のねらいに沿うには、様々なハードルが存在していることが分かります。

さらに、これまでの、発達障害の子どもたちの実態把握が、医師や臨床心理士などの判断に依存してきたことを考える時、現場の先生方の日頃の観察は言うまでもなく、先生たちの勘に頼った子ども理解に留まらず、私達が行っている民間の様々な角度からのアプローチにも目を向け、真摯に受け止めていただき、共に連携を図って子どもたちの未来を切り拓いて欲しいと願うばかりです。

☆お母さんを支えたのは、前世療法の越智啓子さんに繋がって分かった親子の深い魂のつながりだった

ゆうくんのお母さんが、学校の薦めを拒み、薬の服用に頼らない支援の方法を模索し続けて、ここまでたどり着いた支えになっていたものは何だったのでしょうか？

勿論、お母さんの周りで支えて来られた大勢の皆さんの温かい励ましだったことはよく理解できますが、つらい立場や思い通りにならないこれまでの数々の対応に、諦めることなく、ぶれることなく、自分の信念を貫き通された支えが、越智啓子さんの前世療法にあったと私は感じております。

実は、6月に柳原先生のところに来られたお母さんは、測定値から、「お子さんの脳がハタライテいない」と伝えられて、予想もしていない言葉に、どん底に落ちた気持ちを味わっておられたのです。

しかし、「この子は何か大切なお役目を持ってあなたたちのもとに生まれてきているはずだ」と、ヘレン・ケラーとサリバン先生のお話も聞き、そのことが分かるのは、精神科医の越智啓子先生だと紹介されていたのです。

机の上には、越智先生から柳原先生に届いた年賀状が並べてありましたが、初めて耳にした情報の数々に、名前の漢字すら分からない越智啓子先生の名前を、必死でノートにひらがなで書き留めました。

柳原先生はさらに、「越智さんは、いつも予約でいっぱいだから、すぐには会えないと思うので、まずは先生の本を読みなさい」と。

お母さんはこの話を聞きながら、〝ここまで説明されるということは、もう施術で元の体に戻るというレベルではないのかも知れない〟とあきらめかけた時に、私が到着して、場の空気が一変して、どん底に落ちていた気持ちが救われたと振り返っておられます。

広島に帰ってすぐに越智先生をネットで検索したところ、ちょうど『波動の秘密』を出版されたところで、広島で1Dayのワークショップ&講演会が昨年7月11日に開催されることを突き止めました。

あいにく、その日の予定は入っていて、迷いに迷いましたが、『越智先生に逢いに行こう！』と、心が決まりました。

講演会当日、隣席になった方とお話をしてみると、「今までに何度も診療の予約電話を入れましたが、繋がったことはありません」という情報も。

講演会の最後に行われたサイン会では、わずかな時間に『柳原先生とつながって越智啓子先生に逢えたことと、息子を一度見て欲しい』と、伝える事が出来ました。

先生からは、「是非、息子君と、一緒に、沖縄においで！」と、言っていただけました。

ところが、予約は公平を保つために、電話予約のみ。2か月に1度の予約日が待ち遠しく、待ちに待った予約日の9月4日は、朝から、ソワソワしていました。

10時から予約受付開始。電話してもつながらず……　10分から15分に1回のペースで電話をかけても、話し中の「プープープープー」と音がするばかり。

11時45分、『これでつながらなかったら、今回はご縁がなかったとあきらめよう。』とドキドキしながら電話をかけました。

すると、「はい。」と聞こえて来た予約受付の方の返事。びっくりして、嬉しすぎて、ドキドキが止まりません。

受付の方の声は優しく親切で、クリニック近辺のホテルも紹介してくださいましたが、沖縄に行くならEMのホテルと心に決めておられたお母さんですから、11月4日は両方の願いが叶うこととなりました。まさに、初めてのチャンスで沖縄に繋がるという奇跡が起きたのです。


『啓子メンタルクリニック』で啓子先生から語られたゆうくん家族3人の前世でのお話とは、お父さんとゆうくんは、プレアディス時代、科学者同士の同僚だった。道理で、今は、科学好きの親子というわけだ。

更に、チベット時代のお母さんとゆうくんは、僧侶であり、僧医であったゆうくんに、難病を抱えたお母さんが、祈りの力と、漢方薬の調合で助けていただいた医者と病人の関係。その時、僧医は、難病のお母さんに、「生きることにも、死ぬことにも影響を与える、恐ろしい力を秘めた薬を、むやみに用いてはならない」と、伝えられました。薬を勧められるたびに何故か物凄く拒否感を感じて来られたお母さんは、助けられた息子の僧医から薬の恐ろしさを教えられていたのです。

子どもは親を選んで生まれてくる。このようなホリスティック医学療法を受けられた親子は深い強い魂の繋がりを自覚されました。

それにしても、どうしてこのような奇跡が起きたのか？　お母さんは不思議に思っておられましたが、越智先生の『ゆるゆるの法則』を読んでおられた時、一文が目に留まりました。

『今までも微生物がいろんな場面で大活躍をしていたのですが、私達が、気が付かなかっただけです。放射能の除去にも、ＥＭなどの微生物が注目を浴びています』と。

昨年の5月から、私のラインを通じてＥＭの勉強会や実践を積み重ねて来られたお母さんは、『この微生物さんたちが、奇跡の一役を担ってくれていたのだ』と、改めて、ＥＭさんにありがとうを伝えられました。

☆　7月からフリースクールに通い始めたゆうくん

いよいよこの本の原稿の終わりを迎えて、協力をしてくださったみなさんへの確認作業を行っていました。すると、7月5日から、20㎞離れた広島県教育支援センター【ＳＣＨＯＯＬ〝Ｓ〟】に4年生になったゆうくんが通い始めた事を知りました。

広島県に住んでいる不登校等の小中学生を支援する県の教育支援センターです。

通所でもオンラインでも利用でき、認定ＮＰＯ法人との連携・協力によって今年の4月2

4日にオープンした施設です。

自宅からJR駅まで、お母さんが送って行くと、一人で20分間列車に乗り、そこから、850mを徒歩で通っているそうです。

火曜から金曜日まで、9：00～14：00ほぼ毎日お弁当を持って、自分の行きたい方向が見えて来たと、フリースクールに通い始めたゆうくんの姿に、お母さんの声も弾んでおられました。

お化け屋敷の準備では、電気を取り付けようとゆうくんが提案。はんだごてを使って活動に意欲を見せているゆうくん。やっぱり機械に関心が強い。これからが楽しみです。

コメント

現在クラウドファンディングの寄附によって作っている「病気にならない野菜の波動を明示して販売するモデルガーデン」「水琴窟の巨匠とコラボした癒しの空間広場ホシとタンポポ」の募集動画を皆さんに発信した時のことです。その寄附にお母さんが参加してくださり、ゆうくんも、「僕のお小遣い740円を寄附したい」と台紙に貼り付けたお金を差し出してくれました。

台紙の上に綺麗に貼られたお金の写メを見て、私は、思わず涙が溢れました。この子の気持ちを無駄にしてはいけない。ちょうどその広場に空から見た時、オリオン座が確認出来るように石を並べてコンクリートで固める予定でした。私は、そのオリオン座を「ゆうき星」と名付けることにしました。

ひらがなで「ゆうき」にしておくと、いろいろな意味に使えます。勇気もあれば有機にもなる。ゆうきと名付けられた子どもたちの親の想いが様々であるように、みんなの想いの詰まったオリオン座の「ゆうき星」になる。

今年の６月８日、多動が目に付くようになってストレスを感じ始めたお母さんは、ゆうくんを連れて柳原先生のもとに来られました。びっくりするほど背が伸びています

ところが、かかと落としを続けてなかった体は、徐々に頚椎神経の血流を悪くさせ、波動測定値にも低い数値が並んでいました。

施術で、良い状態に戻って来たゆうくんの表情は、再び一変して元気になり、工事中のガーデンの「ホシとタンポポ広場」にやってきました。

まだ、オリオン座は出来ていませんが、完成して、ゆうくんの７４０円が輝き始めるのを楽しみに記念写真を撮りました。

ゆうくんの体は、これまで、時々背中の写メを交換しながら、粒ゲルマニウムを貼る場所を確認して体調を維持しておりましたが、日頃の骨格や筋肉のバランスを整える体操は欠かせません。しかし、同じことを繰り返す体操に意欲をもってどう取り組ませるかは、これから、この家族に課せられた大切なポイントです。

第6章　他人の気持ちを敏感に察して、能力を発揮できなくなっていた青年は気付かないうちに脳への酸素不足を起していた

☆　大事に育てられ優秀な能力を身に付けた青年

彼は妹との二人兄妹ですが、お母さんは、最初のお子さんを流産されたため、特に待望の男の子として、育てられました。

このお宅では、家訓として、9歳までは、母親がきちんと子育てに関わるというしきたりがありましたので、お母さんは、彼が小学校3年になるまで子育てに専念され、その後看護師として仕事に復帰されました。おじいちゃん、おばあちゃんも同居の、本家の長男の嫁としてのお母さんの気遣いの有り様を、彼は、自分の生きるモデルとして身に付け、他人を困らせるようなことをほとんど行ったことはありません。

それに比べて、妹は、自分のやりたいことを主張して反抗もしながら逞しく育っていきま

した。そんな妹ですから、彼は、妹の先生役のように、自分が手本になる生き方を当たり前のようにして大きくなりました。

お母さんは、学校でも受けがよく、ＰＴＡの役員なども引き受けられ、彼は、親の期待に応えて、成績優秀、部活動もバレー、バスケットボール、陸上などをこなして活躍されました。進学は、その当時県がスタートさせた中高一貫校の１期生として入学され、生徒代表あいさつを任される活躍ぶりです。

高校卒業時も、学校推薦で、理学療法士の道に進みました。一人暮らしで、２年間が過ぎた頃、身体に異変が起き始めました。

ぎっくり腰を理由に、学校に行けなくなったのです。お母さんは、驚かれました。これまで、一度も親に心配などかけたことのない息子が、急に学校に行けなくなった。彼は、自分を責めながら１年間落ち込んでいました。自分に理学療法士が向いていないのではないかともがきながら、気分転換に飲食店のバイトを始めましたが、店長に気に入ってもらえなかったことが原因で、他の店に移動させられるなど、益々、自分に自信が持てなくなってしまいました。

それでも、大学を卒業して、社会福祉士の資格を取得して就職もしました。

しかし、就職しても、行き場のない気持ちをどうすることもできないで引きこもっているときの昨年6月に、お母さんから、測定用の写真が届きました。測定の結果、表11のように、身体のあちこちで血流が悪く、かなりひどい酸素不足を起していることが分かりました。

表11　2021年6月測定結果

No	測定項目	カウント
1	胸腺	2
2	交感神経①	5
3	副交感神経	4
4	視床下部①	3
5	視床下部②	3
6	脳下垂体	3
7	甲状腺、副甲状腺	4
8	副腎皮質	9
9	頚椎神経2	3
10	頚椎神経3①	2
11	頚椎神経4	2
12	頚椎神経5-8	2
13	胸椎神経1	11
14	胸椎神経2	5
15	胸椎神経3	2
16	胸椎神経4	6
17	胸推吐経5	3
18	胸椎神経6	10
19	胸椎神経7	2
20	胸椎神経8	5
21	胸椎神経9	2
22	胸椎神経10	8
23	胸椎神経11	9
24	胸椎神経12	3
25	腰椎神経1	3
26	腰椎神経2	2
27	腰椎神経3	3
28	腰椎神経4	9
29	腰椎神経5	7
30	仙椎	4
31	第3脳室	4
32	第4脳室	5

これでは、体内の60兆個の細胞が悲鳴をあげています。柳原先生からの提案で、施術の前に、弱り切った細胞を元気に、「ルルドの水」で知られる、ゲルマニウム水を1日2回飲んでいただくことになりました。その3か月後、お母さんの勧めで、私のズームカウンセリングを受講されることになりました。

☆　テレパシーワークで見せた彼の本当の気持ちをフィードバックして届ける

ズームで行う風景構成法を用いたカウンセリングは、直接対面して行うカウンセリングと異なって、カウンセラーとクライエントの間に距離があります。

クライエントは自分の安心できる部屋で、誰にも邪魔されず、私と対話できるのですから、彼にとっては初めてのカウンセリングであっても、比較的安心して、私の提示する順番に、事前にお届けした画用紙の上に、風景画を描き進んで行かれました。

10個のモチーフを書き終え、最後に書き加えたいものがあれば描き加え、クレヨンで色付けしたいところに色を入れて完成しました。絵が良く見えるように、画面を調整していただき、こちらから、少しの質問をして、絵が訴えているメッセージを読み取って行きます。

自分がいると、とても落ち着く場所はどこか？　この絵の季節と、大体の時刻、川の流れの方向、書かれている動物の種類と数、田んぼのようすなど。

川の大きさ、石や岩の様子、山の形や数、樹木の特徴、描かれている人や建物の様子や場所、生き物の種類や数、付け足された絵の意味するもの、色を塗られなかった場所の意味するものなどを瞬時に受け取って、絵から頂いたメッセージを彼に返していきました。

大きな山がいくつも連なって、大きな川には橋もかかっていません。川のなかの石や生き物からも、彼のまじめな生活ぶりや自分のやりたいことよりも、周りの期待に応えようと苦しみもがいて来られた気持ちが伝わってきました。頑張りたいけどトンネルの向こうが見えて来ない。そのサインを、彼からのメッセージとして伝えてみたのです。

すると、彼は、「もう一人の自分が、自分に変わって、素直に語ってくれているような気がします」と、安心されて対話が始まりました。

そこで、彼に、お母さんへのゲームの開始を提案してみました。究極の、お母さん困らせ行動の開始。吐きたい暴言。べたべた甘え作戦。などのいい子を止めた宣言行動の開始です。「あなたのお母さんなら、大丈夫。少々手荒な方法をとっても受けて立つパワーがあり、ゲームだから、お母さんがどんな反応を示すのか、楽しみながらやればいいのよ。」と。画面の向こうで、明るい表情に変わった彼が、にこにこしながらうなずいています。

ここで、カウンセリングは終了しました。

私は、すぐに、お母さんにメールを送りました。『今、息子さんに、ゲーム感覚で、お母さんへの困らせ行動を起こすように仕掛けましたので、心の準備をしてください』『どんな自分であっても僕を愛してくれるのか、彼にとっては大切な確かめ行動ですから、よろしく』とも。その夜の内、彼は、お母さんの部屋を訪ね、夜を徹して、朝の４時頃まで、話し続けたと伺いました。

☆　年末に起こした行動で家族が一つに

年末には妹さんの家族も集まって、大掃除やおせちの準備が始まり、本家の彼の家では、大勢の人々が忙しく働いておりました。大掃除を終えた彼は、『旅に出る』と書き置きを残して、家からいなくなりました。それを見つけた家族は、心配で、もうお正月の準備どころではありません。最悪の事が頭をよぎり、只々、無事で返って来てくれる事を祈りながら、元日を迎えました。

12月ころから、彼の頭の中には、湿疹がいっぱい出て、頭も凄く痛そうでした。その頭に、お母さんは、薬ではなく、EMで発酵させた米のとぎ汁発酵液を使って、EMさんにお願いしながらマッサージを繰り返しておられました。看護師の資格を持つお母さんが、薬ではなく、微生物の力を借りて、息子の頭の中に出た湿疹を解決する方法を選ばれていたのです。実はお母さんには、ご自身のお父様から託されたEMの凄い歴史を持っておられたのです。お父さんは、海苔の養殖業者として、瀬戸内海をきれいにしたいとEMの微生物の力を信じて30年間も闘って来られた歴史があります。周りの養殖業者が失敗して、みんな撤退されても尚、お一人だけ、「瀬戸内海を守らにゃならん」と、諦めなかったのです。そして、そのEMの不思議さを傍でじっと感じて見て来た娘に後継者を託して、今もEM海苔を成功させておられるという歴史を刻んで来られました。

微生物さんの不思議を実感して来られたお母さんは、きれいに整えた神棚に手を合わせ、息子の体を覆っている微生物さんに呼びかけるように、無事を祈り続けました。年が明けた12時55分のことでした。彼から、「帰っていいか?」と、連絡が入りました。おかあさんは、「よかったね。向き合うよ」と、気持ちを伝えられました。

そんな辛いお母さんの気持ちを察して、妹さんが、動き始めました。「私は、兄ちゃんのために何もしてない。」優秀な兄の姿に距離を置いていた自分に気づき、鬱を乗り越えようとしているグループサイトを探して紹介したり、兄の気持ちの聞き役になって心をほぐしたりしていきました。

☆　いよいよ松山にやって来て施術を受ける

今年の3月、お母さんと二人で、松山に来られました。骨格や筋肉のバランスを整えて、血流が良くなると細胞が元気になる。ゲルマニウムの水も、ＥＭの水も飲んで、しっかり準備が整った体の状態ですから、どのような変化が見られるのか、大変楽しみに様子を見ておりました。施術40分後、数値が、瞬く間に変化して、目元や顔の表情が変わりました。

３人で昼食を食べに、近くのお店に入りました。自分の好きな物を好きなだけ取り寄せて食べることができる食堂なので、時々利用しているお店です。食事を終えて、私と、お母さんは、食べ終わったお膳をそのままにして話を続けておりました。すると、彼は、テーブルの上から終わった私達のお膳を片付けて、お茶を運んで来てくれたのです。さりげないすがしい彼の動きを見ながら、やっと本来の彼が戻ってきたことを実感しました。

その後、3月末に家族で計画された、お父さんの還暦祝いの金沢旅行にも同行され、妹さんとも心を割って話が弾んだという連絡を頂くことができました。身体を整え、きれいな酸素が循環し始めると、本来の機能が動き始める。きっと、彼らしい新しい生き方を見つけて逞しく活躍して下さるものと思っております。

コメント

最近、若者の間では、頭もよく資格も身に付け、感じの良い人であるのに、なぜか、職場での人間関係が上手く行かなくて、すぐに離職してしまい、体調も壊して収入が途絶えるので、家族全体が追い詰められているという事を耳にします。

スマホ社会になり、生活時間の大半でスマホを手放せない環境から、電磁波による健康被害も予測されますが、それでも、鬱的状態から抜け出せない原因の一つに、頸椎神経の血流の悪さを改善されると解決できるという手ごたえを感じる事ができます。

本人の努力ではどうにもならないことを、薬の処方で改善してきたこれまでのあり方から、かかと落としのような手軽な運動を取り入れて、骨格や筋肉のバランスを整え、身体に安心な食べ物をたべる。この習慣を身に付けるだけでも、かなりの体調不良や心の問題が解決できると実感しております。

第7章　量子の世界の魂のテレパシーを受け取れる体をつくる

☆　不登校の子どもの中には共通して描き出す絵がある　そのメッセージに血流の悪さからくる体からのサインが届いていたのではないか

不登校の子どもに、風景構成法を用いて絵を描かせると、ほとんどの子どもが、川に橋を書きません。橋を忘れているのではなく、絵の中に橋を描かないほうが、自分の気持ちにしっくりくるのだろうと思われます。私は、学校で、子どものカウンセリングを行っていた時に、他の子どもと同じペースで活動することに抵抗があり、橋をかけてしまうと、車や人が行き来する道路に繋がってしまうという意識がそうさせているのかなと感じておりました。

しかし、健康波動測定の数値を確認するうちに、頸椎神経の血流の悪さによって、脳にあたらしい酸素が十分に行きわたらなくて、様々な箇所に不具合が起きていることを、絵が私たちに教えてくれていたのではないかと思うようになりました。

壊れた橋を修復すると、車も人も往来が出来るように、骨格や筋肉のバランスを整えると、小腸や腎臓の働きもよくなり、小腸できれいな血液を造り、腎臓で汚れた水をろ過して、身体に循環させることができる。その体の動きを脳がキャッチして、絵として、私たちにメッセージを送ってくれていたのではないかと、今では感じています。

もし、このような絵から、大勢の子どもたちや大人の体の頚椎神経の血流の悪さとの相関関係が確認できるならば、発達障害や不登校や鬱で苦しむ人々の、健康チェックとして、絵が生かせるのではないか。絵で体の状態を確認して、出来るだけ早い時期に整体やかかと落とし、ハイハイ運動などで体を整えることができれば、家庭で、簡単に実践でき、これまで以上に解決の方法が見えてくるだろうと考えております。

☆　水分を多く保持する臓器は電磁波の影響を受けやすい

水は、電気を良く通します。ですから、身体の中でも、血管がたくさん張り巡らされている脳などは、水分を多く含んでおり、電磁波の影響を受けやすいと考えられます。

夜眠るベッドの近くにスマホを置いて寝ている環境を少しでも解決するために、「微生物さんのパワーを引き出すのはあなた」の本でも紹介しておりますように、私達は、ベッド周りの結界をつくったり、枕に、電磁波防止の工夫を行なったりしております。

スマホの便利さから手放せない傾向にありますが、少しの工夫でダメなエネルギーを良いものに原子転換できる。これが量子力学で、今では、いろいろな活用方法がドンドン考えられています。私達の所でも、数値化して確認しながら使い方を工夫しておりますので、ライン仲間にとっては宝物の情報として重宝されています。

☆　簡単で安心、安価でハイクオリティーな食生活環境を造り上げていきたい

ロシア侵攻によって農薬や化学肥料が不足して、作物が十分にできないために、食料不足が深刻になると報じられています。私達は、ＥＭによるグラビトン農法で、農薬も化学肥料も使わない。結界をつくり、ＥＭを使うと、地球のありとあらゆる汚染物質を解消するばかりか、循環して、肥料や土壌改良剤として生かすことができる。農家さんからは嫌われる雑草も、残渣も、放置された竹山や、汚泥、動物のし尿まで、みんな宝物にして、生かしているのです。

その活用方法を伝えるグループサイトで知り合った仲間が、ワクワクドキドキで展開している、簡単、安心、安価で、美味しい作物や、加工品の数々。それは、全て、ＥＭという微

生物さんのお陰です。

　私たちが、現在愛媛県で挑戦している、耕作放棄地をモデルガーデンにして、「病気にならない作物」の認証マークを付けて、消費者にお届けできる流通システムをつくる試みは、まだ、志し半ばですが、もう少しで、形が見える所まで、やってきました。完全循環型農業の実現と、みんなで集って楽しめる広場、手洗い場の水が、水琴窟のメロディを奏で、演奏会や講習会、収穫体験や、子どもたちの水遊びも出来る。地震や水害などで、避難を余儀なくされたときには、避難場所としても機能するガーデンを目指しております。

　そのために、仮設トイレのし尿もすべてＥＭで発酵熟成させて土の肥やしとする。テラプレタノバを目指しております。

　病気にならない作物の表示のためには、波動測定は欠かせません。自信を持って消費者にお渡しできるよう、微生物さんのパワーを引き出す環境を整えて参ります。

　この様なユニバーサルビレッジを全国の仲間と作り上げながら、発達障害をお持ちの皆さんが、ワクワクドキドキの元気な姿で活躍して下さることを今から楽しみにしております。

あとがき

発達障害についてのこの試みと実践は、今、始まったばかりです。今年の5月、EMを開発された琉球大学名誉教授比嘉照夫先生が、【瑞宝中綬章】に輝かれました。世界では150か国に及んで使われているEMが、国内では、誤解と誹謗中傷にさらされ、名誉棄損も甚だしい環境に長い間置かれて来られましたが、叙勲により、国からも、認められたことが証明されました。

光合成細菌をはじめ、乳酸菌・酵母などの微生物たちの活躍で、他に類を見ない、農業、畜産、環境、加工、建築、工業、汚染物質の循環や健康、異常気象による災害など、地球上のありとあらゆる問題を、安く、いとも簡単に安心・安全、高品質なものに実現してしまう。このような技術を生かして、今後、エピジェネティクス化した遺伝子の解決に向けての実践が展開されるものと期待をしております。

元京都大学総長平澤興先生が、人生75歳から85歳が伸び盛りと言われておられましたが、私も、やっとその入り口にたどり着き、これからの10年間にやり上げたいことを夢に描いてワクワクしております。

その一つに、ここ数年のうちに、【比嘉ＥＭ総合大学】を創設して、環境や農業、畜産、量子物理学、建築工学、東洋医学、教育、芸術等世界各国から、老若男女を問わず学びたい人々が集まって学べる学校を創る構想を立てています。この大学では、発達障害と言われている子どもたちの体を、東洋医学とコラボしながら元の健康な状態に回復できるような研究に取り組む医学部を、さらに、素晴らしい才能を発揮して学び、世界に羽ばたける人材となって活躍できる教育学部や芸術学科があればどんなに明るい未来が開ける事でしょう。

私は、そういう夢を実現するために、今、皆さんに私の出来る限りのお手伝いをさせていただいております。

この1年余りの活動は、スマホも十分使いこなせなかった私に、グループでつぶやける場を作って頂き、そこで、ＥＭが諸々のお悩み事を解決できることの具体策を、ワクワクドキドキで紹介させていただきました。ラインの向こうにいらっしゃる若いお母さんたちから、子育てに関するお悩みを受けている中で、妊娠中のお母さんが、血液検査結果の鉄分不足を心配されて医師からサプリメントの服用を勧められ、甲状腺ホルモンバランスの解決のために、サプリメント服用でなく柳原先生の施術を受けに来松されたのです。

折しも、戌の日の腹帯を受けられる日であったので、プレゼントとして、波動転写機によって波動を挙げた腹帯をプレゼントしました。その時、連れて来られたお子さんの母乳を飲まれる姿勢と首のすわりに、ひょっとしてこの子は、少し発達が気になるお子さんではと、柳原先生に確認していただいたところ、やはり、頸椎神経の血流の悪さを指摘され、お父さんのお腹の上で、寝かせながらの赤ちゃんの施術となりました。

超高波動空間となっているマットの上で、お父さんも気持ちよさそうにぐっすり眠られ、そのお腹の上で、安心しきった子どもが、施術を受ける。このお子さんが、ドンドン元気になられて無事成長されることを祈りました。

こんな早い時期に気がついて、簡単に施術が受けられるならば、どんなにお母さんたちは、安心されることか。この光景が、私に、発達障害の子どもたちを柳原先生の技術協力を得て、サポートしようと決意したきっかけになったのです。無事にお腹の赤ちゃんを出産され、お兄ちゃんとなったお子さんの元気なしっかりしたようすの写真を拝見したときに、あの時、あのご縁で繋がってよかったと、ほっと胸をなでおろしました。

この出版は、情報をお寄せいただきました保護者の皆様、健康波動測定や骨格を整えるために、ゲルマニウム貼付の具体的なサポートを個別に継続して行っていただきました柳原満紘先生、ひとり一人の質問に個別な助言をお寄せくださいました比嘉照夫先生、ひとり一人が実践された発酵食品等が体の中でどのように働いているのかを毛髪ミネラル検査で確認して下さり、さらに、発達検査やボイススキャンによって、行動と内面的な変化を総合的に検証いただきました木林京子先生方のお力添えの賜物です。

【出会いを哲学する】著者のハワイ大学名誉教授吉川宗男先生とは、比嘉先生とのご縁で繋がらせていただきましたが、日本にいらっしゃらなかった30年間の日本の文化を、柳原先生の貴重な資料から研究され、いつまでも若々しく活動される姿に、こういう先生に是非とも新しく創設する大学で、指導をお願いしたいと夢を描くようになりました。

先生は、まだ、発達障害や統合失調症という研究が一般的でなかった頃、ご自身の体験を通して学問へと体系づけられ、ハワイ大学では大学教育の新しい在り方を構築されたと伺っております。

私達も、これまでの枠に収まらない新しい支援のスタイルを模索しながら、世に問うとの思いで実践の一部を紹介させていただきましたが、生活の中で展開されることを哲学として理論化される先生のすばらしさに少しでも近づきたいと励んでおります。その先生に、推薦の言葉をいただきましたこと、励みにして頑張って参ります。

更に、私のこの想いを本という見える形にサポートしてくださった大勢の出版サポーターの皆様、お陰でこんなにも早く、新しい取り組みを世に問うことができ、深く、深くお礼申し上げます。

最後に、数年前から、いじめや不登校の子どもたちの実践記録、【テレパシーごっこ】の本に注目をしてくださり、再出版を促して熱いエールを送り続けてくださった株式会社22世紀アートの役員の皆様、この分野の本が出版できるとは予想もしておりませんでした。本当に感謝いたします。

入会方法

NPO法人まほろば

この法人は、日本古来の自然、文化、伝統を保存しかつ再生をはかる事業に取り組み、古語に言う「素晴らしきところ」である「まほろば」を創造し、すべての生命が安心立命に至ることができる場づくりを通じ、公益に資することを目的としています。

この目的を達成するため、次に揚げる種類の特定非営利活動を行っています。
① 森林、河川等の再生支援事業
② 伝統文化の保存、顕彰事業
③ 壮健な心身の回復支援事業
④ 樹木葬、自然葬の普及促進事業
⑤ その他、この法人の目的を達するために必要な事業

正会員

・入会金(初年度のみ納入)
　2,000円
・年会費(12月～翌年11月末まで)
　3,000円
・入会金+初年度分の年会費を以下の口座にお振り込み願います。
　伊予銀行　福音寺支店
　種目：普通
　口座番号：1400826
　口座名義：NPO法人まほろば
　※お名前に入力・記入された方と同じ口座名義から お振り込みください。
　※お振り込み手数料はご負担願います。

申し込み方法

次ページの申込書をコピーして下記までお願いいたします。

FAX：089－907－8018
郵送：〒790－0923 愛媛県松山市北久米町503番地2
　　　NPO法人まほろば

NPO法人　まほろば

入　会　申　込　書

郵便番号

〒

ご住所

お名前

お電話番号

メールアドレス

下記事業でご興味がある項目に○をつけてください。(いくつでも可)

①　森林、河川等の再生支援事業

②　伝統文化の保存、顕彰事業

③　壮健な心身の回復支援事業

④　樹木葬、自然葬の普及促進事業

ご意見・ご質問があればお願いします。

入会方法

NPO法人えひめユニバーサルビレッジ研究会

この法人は、EM(有用微生物群)技術を活用した諸活動を通じて、自然が本来有する力をくらしに取り入れた人々から成る「ユニバーサルビレッジ」を推進し、現在急速に疲弊している個人から地球全体に至るまであらゆる生命が発展・調和する世界への蘇生に寄与することを目的としています。

この目的を達成するため、次に揚げる種類の特定非営利活動を行っています。
・EMくらし活用事業・EM自然蘇生事業・EM重力子農法普及事業
・EM環境メンテナンス事業・EM生活サポート事業・EM交流促進事業・農業

正会員

・入会金(初年度のみ納入)
　2､000円
・年会費(5月～翌年4月末まで)
　3,000円
・入会金+初年度分の年会費を以下の口座にお振り込み願います。
　愛媛信用金庫　城東支店
　口座番号：0244628
　口座名義：NPO法人えひめユニバーサルビレッジ研究会　理事　野本千壽子
　※お名前に入力・記入された方と同じ口座名義から お振り込みください。
　※お振り込み手数料はご負担願います。

申し込み方法

詳しくはホームページを参照ください。
□https://nomoto.xyz/
上記アドレスから入会申し込フォームに必要事項を記入し申請できます。

ホームページからのご利用が出来ない場合は次ページの申込書をコピーして下記までお願いいたします。

FAX：089－907－8018
郵送：〒790－0923愛媛県松山市北久米町503番地2
　　NPO法人えひめユニバーサルビレッジ研究会

NPO 法人　えひめユニバーサルビレッジ研究会

入　会　申　込　書

郵便番号

〒

ご住所

お名前

お電話番号

メールアドレス

EM を活用したい領域に○をつけてください。(いくつでも可)

農業等(畑　田　野菜　果物　米　鳥獣対策　その他)

インストラクター資格取得

EM 加工食品づくり　健康な体づくり　気になる病気を改善したい

掃除(洗濯など EM 生活全般)　環境　その他

環境・その他の場合具体的に

【著者紹介】

野本佳鈴(のもと・かりん)

松山市内公立小・中学校教諭・教頭にて３５年間勤務。
愛媛県教育センター教育相談室・登校拒否対応対策室にて２年間勤務。
県下の学校コンサルタント兼カウンセラー業務に携わる。
愛媛県社会福祉事業団の３施設栄養士退職。
学校法人松山学園　松山認定こども園　施設長退職。
社会福祉法人障害者就労支援センターアルムの里６年間勤務。
認定ＮＰＯ法人アクティブボランティア２１理事長退職。
一般社団法人ＥＭスペースほしとたんぽぽ代表理事。
ＮＰＯ法人　えひめユニバーサルビレッシ研究会　代表理事。
ＮＰＯ法人　まほろば　代表理事。
２０１６年から　ＥＭ親善大使。

著書
『見えぬけれどもあるんだよ　見えぬものでもあるんだよ』
『テレパシーごっこ』
『微生物さんのパワーを引き出すのはあなた』

テレパシーごっこパートⅡ

～子どもが運んでくるテレパシー受け取れますか～

2023年5月30日発行

著　者　野本佳鈴

発行者　向田翔一

発行所　株式会社 22 世紀アート
〒103-0007
東京都中央区日本橋浜町 3-23-1-5F
電話　03-5941-9774
Email: info@22art.net　ホームページ：www.22art.net

発売元　株式会社日興企画
〒104-0032
東京都中央区八丁堀 4-11-10 第 2SS ビル 6F
電話　03-6262-8127
Email: support@nikko-kikaku.com
ホームページ：https://nikko-kikaku.com/

印刷
製本　株式会社 PUBFUN

ISBN：978-4-88877-215-0